万里茶道鹤峰段

遗址遗存

鹤峰县文化遗产局 编

齐鲁书社
·济南·

图书在版编目（CIP）数据

万里茶道鹤峰段遗址遗存 / 鹤峰县文化遗产局编
. -- 济南：齐鲁书社，2023.8
ISBN 978-7-5333-4677-5

Ⅰ. ①万… Ⅱ. ①鹤… Ⅲ. ①古道－文化遗产－介绍
－鹤峰县 Ⅳ. ①K878.4

中国国家版本馆CIP数据核字(2023)第118187号

责任编辑：马安钰
　　　　　张敏敏
装帧设计：亓旭欣

万里茶道鹤峰段遗址遗存
WANLI CHADAO HEFENGDUAN YIZHI YICUN
鹤峰县文化遗产局　编

主管单位	山东出版传媒股份有限公司
出版发行	齐鲁书社
社　　址	济南市市中区舜耕路517号
邮　　编	250003
网　　址	www.qlss.com.cn
电子邮箱	qilupress@126.com
营销中心	（0531）82098521　82098519　82098517
印　　刷	山东临沂新华印刷物流集团有限责任公司
开　　本	880mm×1230mm　1/16
印　　张	21.5
插　　页	3
字　　数	359千
版　　次	2023年8月第1版
印　　次	2023年8月第1次印刷
标准书号	ISBN 978-7-5333-4677-5
审 图 号	GS鲁(2023)0232号
定　　价	268.00元

《万里茶道鹤峰段遗址遗存》
编辑委员会

主　　　编：田学江

副 主 编：唐　锋　王　斌

编　　　辑：喻　欣　晏　佳　罗建峰

资 料 员：柳洪涛　王新燕　刘　苏　肖　伟　陈拥军

　　　　　　余克臻　梁淑芳　肖　锋　谭　闯　吴　垚

特 约 审 稿：向宏理　张群安　向端生

接巴东、长阳

傅家堰乡

裕安桥
凤竹园
金鸡口
牛庄乡　采花乡　　五
邬阳乡　长茂司
石龙　杨家垭　　雍家客栈　沈家骡马店
邬阳关　水瓢子　莫家溪古石桥　宋家河
接恩施、建始　毛家垭　牛家垭　　采花台　刘家骡马店
石灰窑　雀家垭　青岩荒　三道拐　后蠡骡马店
乔家湾　七垭　高桥河　香潭坪　阎王鼻子　三板桥
黍子坪　百步磴　芹草坪　响溪　岩板河　湾潭镇
岩屋冲　韭菜坝　长湾　　大岩包　清潭湖
长望岗　北佳　椒山溪　下坪乡　老荒坪　七垭河
大河营　神仙茶园　坪　留驾司　黄柏云　朝阳坪
望乡台　一台　茶园　老茶号　上村　　湖坪　董家垭　上油岩
中营镇　村　香炉山　溪三坪　手爬岩　红茅尖摩崖石刻　鹿耳庄　金沟
八字山　石堡　石龙洞　顶坪　杉　燕子镇　九个湾　河沟
二台　堰坪　驿站　坪　树场　马路口　三陆口　周和泰茶号
大界　西河口　万全洞　桃百　沙窝　燕子平　三陆坪　关脚里　三路口
鹤　石门　遗址　凉水井　人洞　　南渡江渡口　张家垭　大隘关
青树包　堂皇　遗址　　碑垭　五里　张家垭　五里乡　容美土司　街店子
晴田峒遗址　红鱼溪　三里荒　火口　灌垭　连三坡茶道　五里老街　大木坪
太平镇　龚家坪　朝上坪　茶店子　三里庙　南渡江渡口　容美土司南府遗址　青山坪　下放马场
奇峰关　头坡　万人洞遗址　　　　　　　　　　走马镇　塌果坪
分水岭　龙潭坪　沙子坡　　峰　　　　　　　　　白果坪　所坪　九岭头
杉园　水杉坪　云来庄　　　　　　　　　　　　　金仓　白果坪　南北镇
　　　　茅坝　九峰桥　容美土司爵府遗址　　　　　　楠木　宜仓　金龙
　　　　　　　观音坡　　　　　　　　　　　　　县
至宣恩、恩施　　　　　　　　　　　　　　　　　红罗沟古茶园　铁炉白族乡
　　　　　　　　　　　　　　　　九女墩古渡口　阳河村　铁炉坪
　　　　　　　　　　　　　　　　　　　李桥村
　　　　　　　　　　　　接桑植　　　　　　接桑植、慈利

◎	县级行政中心
⊙	乡级行政中心
───○─── 东山峰	古茶道陆路、地名称
───○─── 棕木滩	古茶道水路、地名称

宜红

红花套镇

长

高坝洲镇

宜都市
姚家店镇

江

五眼泉镇

聂家河镇

宜

潘家湾
土家族乡

都

支城码头

王家畈镇
王家畈

松木坪镇

五峰镇

土家族自治县

长乐坪镇

市

仁和坪镇

五峰土家族自治县

至松滋、枝江

子良镇

石

壶瓶山镇

门

太平镇

三圣乡

至澧县

县

罗坪乡

磨市镇

雁池乡

至临澧、澧县、津市

至桑植

维新镇

新铺镇

至桑植、慈利

新安镇

至慈利

白云镇

皂市镇

新关镇

易家渡镇

石门县

夹山镇

蒙泉镇

茶道全图

前　言

　　鹤峰古称柘溪、容米、容阳，东连荆楚，西眺巴蜀，北望三峡，南接潇湘，全县土地面积2892平方千米，辖5镇4乡1个经济开发区。唐虞世南《北堂书钞》"茶篇八"下有"武陵最好"条，引《荆州土地记》云"武陵七县通出茶，最好"。据查，鹤峰曾属武陵郡。明清土司时期，容美土司源源不断地将茶叶送往京城朝贡，并与汉区进行茶叶贸易。据顾彩的《容美纪游》记载，"诸山产茶……中品者楚省之所通用"，茶叶贸易呈现出"茶客来往无虚日"的繁荣景象。

　　清光绪二年（1876），广东人林紫宸来鹤峰采办红茶，传授红茶加工技艺，建茶号。各家各户开始改制红茶。所制数万斤至几十万斤红茶被运往汉口兑易出口。自此，鹤峰茶叶产业迅速发展，而鹤峰也成为中国三大红茶出口地区之一——宜红茶区的重要支撑。鹤峰茶叶融入万里茶道走出国门，被洋人称为"高品"，揭开了鹤峰茶叶历史的崭新篇章。伴随红茶的畅销，为了方便茶叶运输，各大茶号开始遍修运茶道路，茶道沿线的公共设施逐渐建立，村落逐渐形成。现在的万里茶道鹤峰段沿线，古茶园、古村落、古茶号、古驿站、古渡口、古桥梁、古石刻、古墓葬等星罗棋布，还衍生出了茶习俗、茶礼仪、茶艺术等非物质文化遗产。

　　历史的驼铃声已经走远，但作为"宜红之源"的鹤峰正在厚积薄发。这里集土司文化和湘鄂黔渝土家族、苗族等少数民族文化于一体，茶叶资源得天独厚，近年来，鹤峰县人民政府按照习近平总书记提出的统筹做好茶文化、茶产业、茶科技这篇大文章的工作要求，发展提升并活化利用茶文化资源，将现代科技与传统茶文化融合创新发展，同时加大茶文化遗产的保护力度。2016年，鹤峰县正式启动万里茶道鹤峰段申报世界文化遗产工作，组建申遗领导小组，开展查阅文献、田野调查、寻访茶人、踏勘茶园、遗址保护、文物征集等工作，经过多年的努力，汇编成《万里茶道鹤峰段遗址遗存》一书。此书不仅是一本研究鹤峰历史和茶文化的资料书，更是鹤峰县一件功在当代、利及千秋的文化大事。

目 录

二　古桥

三　古渡口

四　古　井

十二　古墓葬

十三　非物质文化遗产

一、古　道

1号线路概述

古道1号线路以分水岭为起点,向东经鹤峰县城九峰桥、云来庄、朝山坡、张家坪、红鱼溪、杨柳坪、岩塌、三里荒、枫树坪、茶店子、火口、九拐溜、五里庙、南渡江、灌垭、张家垭、水泉垭、大木坪、南村、连三坡、腰牌、细沙溪、五里坪、街店子、青山坪、踏果坪、上放马场、下放马场,到三路口。此后古道分为两支:一支朝北经金沟,接五峰县鹿耳庄至渔洋关。另一支朝南经关脚里、大隘关、挂子溪、白果坪、花桥、所坪、九岭头、杨坪,到南北镇后又分两路,一路由此直接出县境,接湖南省石门县茶道;一路由三所、九台山、万寺坪、亮垭子出县境,通湖南省石门、慈利、桑植等县。该茶道中的白果坪至南北镇一段,明清时期是自花桥上城墙口、云阳寨山腰达南北镇;清末民初改道,经所坪、九岭头达南北镇。

该古道主要为块石和条石错缝平铺、垒砌而成的石质台阶道路,部分路段是在岩石上凿刻而成。茶道总长约90千米,其中保存完整的茶道长34.3千米,保存较好的石板路面及石台阶道路总长6474.5米。2019年,万里茶道被列入《中国世界文化遗产预备名单》,鹤峰段古茶道是万里茶道的重要组成部分。2019年,万里茶道鹤峰段被湖北省人民政府公布为第七批文物保护单位。连三坡段石板茶道是万里茶道鹤峰段的代表性遗存。

1.1 南村段

南村段古茶道起于鹤峰县五里乡南村村二组余家桥，经过三组南府遗址，至四组连三坡，中心地理坐标为北纬29°54′11″，东经110°15′41″，海拔约882米。这条道路是鹤峰茶叶向东北运输至五峰县渔洋关、宜都，向东南运输至湖南省石门县泥市[①]的重要道路，因紧邻容美土司南府，也是容美土司时期重要的官道，改土归流后，仍是鹤峰重要的商道。

南村段古茶道是鹤峰古茶道具有代表性的道路遗存。余家桥至南府行署附近属山势较平缓的道路，位于南村村二组和三组，属南府遗址片区西部。余家桥至二房桥间的一段位于南村二房沟北侧，道路整体呈东西走向，沿山体修建，宽窄不一，蜿蜒曲折，多段损毁，保存较好的一段道路直线距离约180米。其中余家桥东侧的一段基岩路面，是在山体老基岩上凿成简易的台阶或脚窝大小的台磴，便于行人踩踏。二房桥至张爷桥段呈东西走向，部分路段被现代建筑和341省道叠压，所保留的道路多为步石路面，多采用不规则大块石头平铺在垫土间。张爷桥至连三坡山脚的道路在大房沟北侧，呈东西走向，多为卵石路面，其中南府行署遗址前方道路与南府的街道相连。清康熙年间著

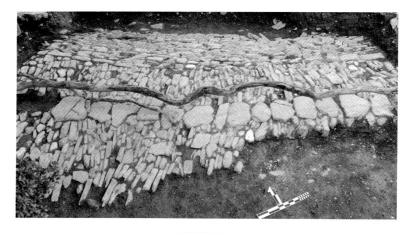

卵石路面

---

① 泥市：泛指今壶瓶山镇，后同。

名戏曲家顾彩在《容美纪游》中记载:"南府署极雄敞,倚山面溪,前有石街,民居栉比,尽石林山脚,皆阛阓也。"所谓"石街",即经过行署段的街道。

连三坡位于南府行署东部,是通往五里坪的石板

连三坡石板茶道

道路。从南府行署出发上腰牌山顶,需连上三道坡,第一坡为南府善心桥至头坡,第二坡为头坡至笔架湾,第三坡为笔架湾至腰牌,三坡总长约2千米。连三坡沿途有多处古桥梁、石碑、古茶园。第二坡溪沟上有广福桥、笔架湾石板桥,广福桥旁立有修桥功德碑,笔架湾石板桥附近有一片古茶园,面积约5亩。连三坡道路原为泥土或沙坡路面,为人行道,主要靠人力背挑的方式运输,如使用扁担、筸背、弯架子等工具,披垫肩,拿打杵(站着歇息时,架背篓的"T"字形木质支撑物),每次人均运输量在50千克左右。由于道路险阻,仅有少数骡马运输。清光绪六年(1880),粤商林紫宸为了方便采购、运销红茶,捐资改修道路,将南北镇至白果坪、大隘关、三路口、水潭子、水沄源、锅炉圈、清水余、石龙洞、城关以及三路口至青山坪、五里坪、南村、南渡江、三里荒、杨柳坪等地的人行道改修为驮运路。连三坡段石板路的规模得到扩大,路面由块石铺成,块石长度为0.8~1.5米,少数路段青石长达2米以上。新中国成立后,鹤峰县人民政府大力发展交通事业。1968年5月,鹤峰至五里坪的公路建成通车。该段公路从杨柳村绕行,连三坡成为南村至五里坪的便捷小道。因为公路完全绕行,所以连三坡段、腰牌段、细沙溪段古茶道得以完好保存。

南村段(即二组余家桥至四组笔架湾坡顶)有保存比较完整的基岩路面、块石路面、卵石路面、条石路面四种类型道路,而且沿途有桥梁、寺庙、茶号、驿站、洞穴、土司行署等较多遗存。

基岩路面

块石路面

条石路面

1.2仙人掌段

仙人掌段古茶道位于鹤峰县五里乡南村村与水泉村之间，中心地理坐标为北纬29°54′20″，东经110°16′47″，海拔约833米。在接近大木坪平地的石板路旁，有一块约30平方米、较为平整的岩石山体斜卧在古道一侧，岩

古道旁岩石上的掌印

板上清晰可见两大一小三个"脚印"，"大脚印"均长24厘米，宽10厘米，深1.5厘米，"小脚印"长14厘米，宽7厘米，深1厘米。据民间传说，这是土司王爷请来的神仙为建造行署选址时留下的脚印，故被称为"仙人掌"，此段道路亦因此而得名。

仙人掌段石板路

现保存较完好的仙人掌段古茶道位于大木坪西北方向的山坡上，道路长约800米，宽0.8~1.5米，为条石路面，整体呈东西走向，由水泉垭直下大木坪。在没通公路以前，凡是往来于此的力夫、行人、骡队都在此歇息，欣赏传说中的仙人脚印，祈盼路途吉利平安。仙人掌段古茶道东段尽头是大木坪（小地名），有当地人称"封火桶子"的红茶号遗址。

1.3蚂蝗坡段

蚂蝗坡段古茶道位于鹤峰县五里乡水泉村十组,中心地理坐标为北纬29° 24′ 41″,东经110° 15′ 03″,海拔约622米。蚂蝗坡是南渡江至五里坪段最长的一道山坡,现保存较好的蚂蝗坡段古茶道位于灌垭至张家垭,道路为东西走向,整体呈"之"字形,为条石和块石路面,长28米,均宽0.5 ~ 0.7米。此段道路自南渡江开始为上坡路,一直到张家垭才有歇息之地,其间无一处平地,无一处山垭,除少数特别陡峭的山坡道路利用"之"字拐弯外,多数路段笔直向上,无论是人力还是骡马运送红茶及日用百货,均上行艰难。蚂蝗坡山腰的古道边有一处叫"凉风洞"的地方,是若干岩缝构成的不规则小洞穴,夏季凉风习习,如不注意,即使是酷暑季节,凉风也易让人感冒,而严冬季节却热气腾腾,因此成为往来力夫及行旅客人歇息的好地方。民国初,有人提议在此地建一凉亭,周边茶农纷纷响应,后建起穿斗式、盖布瓦的凉亭,俗称"两块扇木凉亭"。自此,这里成为南渡江至张家垭热闹的休憩场所。

20世纪60年代,鹤峰县城至五里坪、走马坪的公路建设大规模展开。在修建蚂蝗坡段公路的过程中,开山放炮致使多段古茶道被石头砸烂或掩埋,凉风洞的凉亭也因无人维修而腐朽坍塌。蚂蝗坡的小路因为公路建设几次改道,古茶道多处被开辟为农民责任地,遭到破坏废弃。

蚂蝗坡段石板路

1.4 南道隘段

南道隘段古茶道位于鹤峰县走马镇周家峪村六组,小地名叫南道隘,是麻寮千户所的一处重要关隘,中心地理坐标为北纬29°52′16″,东经110°29′24″,海拔约733米。古道从所坪南边山脚至九岭头山坡,整体呈东西走向,为白果坪、所坪通往南北镇、湖南省石门县主道外的一条茶道,是一条便于将走马镇南部的升子坪、木耳山、周家峪等处茶叶运输到南北镇的骡马道。

经过耕地或地势较为平缓台地的石板道路均已遭毁坏,现存的石板古茶道多位于地势较为陡峭的树林深处,长约300米,宽2～3米,由块石、条石平铺而成。最大的条石长1.8米,宽0.6米。此段古茶道沿溪沟而建,道路两侧不便于耕种,因此未遭破坏。石板道被古茶树、油茶树掩映,道路尽头还保留有一石板桥,横跨沟壑两岸。

南道隘段石板路

1.5 九岭头百步磴

鹤峰县走马镇九岭村二组现存一段长约300米、宽约1.5米的道路,被当地人称为"百步磴",中心地理坐标为北纬29°52′29″,东经110°30′52″,海拔约810米。磴道由青石板平铺而成,石料就地取材,没有加工痕迹。此段是所坪向北而下进入九岭头村的道路,整体为南北走向,平缓路段一般采用步石路面,以大小不一的块石铺垫,坡度稍大路段则以石板铺成台阶式道路。由于近年未维修,加上多次实施农田基本建设,较为规范的石板路多数被毁,仅此段保存较完整。九岭头百步磴茶道于2018年被鹤峰县人民政府公布为第二批文物保护单位。

九岭头百步磴石板路

1.6 挂子溪段

　　挂子溪段古茶道位于鹤峰县五里乡三路口村二组大隘关至走马镇白果村一组的挂子溪之间，山腰处地理坐标为北纬29°52′42″，东经110°27′52″，海拔约1289米。该段古茶道有多段保存较好，整体呈东南—西北走向，第一段道路位于关脚里至大隘关半山腰，是用条石错缝平铺而成的；第二段位于大隘关关口，从关口向南而下，山腰处有一段长约9米、宽0.9～2.5米的青石板路。半山腰有一块较平的地面，被当地人称为"腰垫子"，顺"腰垫子"而下，还有一段保存较完整的青石板路，长约13.5米，宽1.2～2.5米。

挂子溪段石板路

2号线路概述

古道2号线路自西向东贯穿鹤峰东西全境,以鹤峰县城为起点,向西经头坡、太平镇、茅坝、奇峰关、分水岭出县境达宣恩、来凤、恩施等地;向东经九峰桥、沙子坡、凉水井、石龙洞、溪坪、顶三坳、油坪、手爬岩、三斗坪、红茅尖、桃子口、通塔坪,到达百顺桥。从百顺桥往东又分成两条道路,一条向东北方向接宜昌市五峰县茶道,另一条向东南方向经三路口进入1号线路,抵湖南省石门县。容美镇至百顺桥道路总长约90千米,其中保存较完整的茶道有38.8千米,保存较好的石质台阶道路总长1455.7米,沿途有古道、驿站、客栈、石碑、摩崖石刻、古桥等重要遗存。2号线路在清末民初时期发生变化,自容美镇到燕子坪,沿新路坡、土地垭、湖坪至清湖后,又向两个方向延伸,一是向东经箱子溪、锅炉圈抵达五峰境内鹿耳庄后,或再入鹤峰三路口进入1号线路抵湖南省石门县,或北入湾潭三板桥抵渔洋关;二是自箱子溪向东北方向经界牌树插入五峰岩板河茶道。2号线路自鹤峰西端分水岭至东端鹤峰界牌树约109千米,其中保存较完整的茶道有20.8千米,保存较好的石质台阶道路总长8216.5米。

1.7大坡段

大坡段古茶道位于鹤峰县容美镇庙湾村大坡,中心地理坐标为北纬29° 55′ 44″,东经109° 07′ 02″,海拔约580米。古道长约200米,是用青石板沿山坡堆砌成的石板阶梯,宽0.8 ~ 1.5米,整体呈东西走向。因该段道路连接着大片耕地,周边农民经常往来于此道路,故该段道路保存基本完好。改土归流前后,这段路是鹤峰县连接五峰、宜都古茶道的必经之路,最早由容美土司主持修建,改土归流以后,由鹤峰州知州重修。清光绪二年(1876)以后,粤商林紫宸又投资重修了这段路。

大坡段石板路

1.8唐家铺段

唐家铺段古茶道位于鹤峰县容美镇唐家铺村六组腰牌（小地名）。目前，山坳树林中保存有两段石质台阶道路。

第一段道路连接燕子镇石龙村一组与容美镇唐家铺村六组，距石龙街驿站约5千米。在现代乡村公路修筑前，这条路是当地人来往的必经之路，也曾是运输茶叶的骡马路。道路整体呈缓坡状，为东北—西南走向，中心地理坐标为北纬29°55′44″，东经110°07′02″，海拔约1017米。道路台阶总长128米，宽0.8～1.5米，由块石简单堆砌而成，块石长0.2～0.5米，宽0.2～0.4米，厚0.1～0.15米。

第二段石台阶道路被称为"大转拐岩板路"，由西向东连接唐家铺村四组与六组，呈缓坡状，中心地理坐标为北纬29°55′40″，东经110°06′02″，海拔约812米。石板道路总长117米，宽0.8～1.8米，部分台阶是在基岩上凿刻而成，石板表面平整光滑，石板长0.7～1.5米，宽0.2～0.6米，厚0.1～0.3米。道路附近有当地人称"朱家水井"的古井，以及唐家铺子遗址（仅存穿斗式结构木屋三间）。

唐家铺段大转拐岩板路远景

1.9顶三坳段

顶三坳段古茶道位于鹤峰县燕子镇瓦窑坪村三组顶三坳树林中,石质台阶道路顶部地理坐标为北纬29°57′15″,东经110°10′47″,海拔约1121米。道路呈缓坡状,总长约60米,宽1.1～1.5米,呈"之"字形,由大小不等、未经加工的块石错缝平铺而成,块石长0.4～1.1米,宽0.3～0.9米,厚0.1～0.2米。从台阶顶部向下29米处,台阶为东北—西南走向;29～40米处,道路左拐,道路整体为南北走向;从40米处右拐向前到达水泥公路,道路为西北—东南走向。燕子坪乡贤田长胜在《容阳杂记·燕子坪古道》中称,顶三坳是溪坪通往燕子坪官道的分界处,从溪坪到顶三坳全是陡峭的上坡,要经过两个山坳,第三个山坳的坳口即山的顶端,也是溪坪与杉树坪、燕子坪的界址,故称此地为顶三坳。

顶三坳段石板路

1.10 永家湾段

　　永家湾段古茶道位于鹤峰县燕子镇桃山村七组永家湾树林中,是用简易条石和块石错缝平铺而成的22级石阶道路,中心地理坐标为北纬29°57′45″,东经110°16′03″,海拔约1345米。该段道路整体呈缓坡状,为东南—西北走向,总长11.3米,宽0.7～1.5米,踏步长0.7～1.5米,宽0.25～0.55米,高0.14～0.27米。由于这条道路年代较为久远,且遭到雨水侵蚀、流水冲刷及人工破坏,部分石块被推移至道路两旁。

永家湾段石板路

1.11 红茅尖段

红茅尖段古茶道位于鹤峰县燕子镇桃山村六组，中心地理坐标为北纬30° 00′ 27″，东经110° 20′ 34″，海拔约1349米。

这段道路是由简易条石垒砌而成的石质台阶道路，整体呈缓坡状，为东南—西北走向，部分路段坡度较陡。石质台阶由于长久无人行走而废弃，道路两侧为树林，路边长满杂草，从上向下看，左侧为缓坡，右侧为陡坡。

其中第三道拐处台阶总长5.4米，踏步长0.8～1米，宽0.2～0.4米，高0.2～0.3米。第四道拐处台阶总长4.2米，踏步长1米，宽0.4米，高0.2～0.3米。第五道拐处台阶总长3.4米，踏步长0.7～0.9米，宽0.3米，高0.2米。第六道拐转角处仅剩两级踏步，踏步往下约1.7米处又可见块石铺设的道路，石质台阶保存较好，而台阶中间部分踏步垮塌呈倾斜状，台阶总长4米，宽0.7～1米。第七道拐处台阶是在基岩上凿刻而成的，台阶总长3米，宽0.5米，通高0.84米，踏步长0.5米，宽0.14～0.2米，高0.15～0.2米。第八道拐处有两处摩崖石刻，记载了清乾隆年间鹤峰州知士李林主持重修红茅尖道路一事。红茅尖摩崖石刻是万里茶道鹤峰段的重要遗存。

这条道路为土司时期所用官道，并沿用至清代中晚期，被当时运输茶叶的商贩使用，是鹤峰县通往宜昌市五峰县的重要道路。第二次国内革命战争时期，这里是一处重要的战场，部分道路台阶被破坏。新中国成立后，政府多次主持维修骡马路。20世纪60年代，因道路附近的树木被砍伐，数万方木材自上而下从三陡坪经红茅尖绝壁沙坡被拖至溇水河，古道上的大批青石板遭到破坏。随着乡村公路的修建，这条道路现已基本废弃。

红茅尖段石板路

古茶道边的摩崖石刻

1.12 头坡段

　　头坡段古茶道位于鹤峰县太平镇以东，经四坪村的胡家湾至头坡段，中心地理坐标为北纬29° 08′ 09″，东经110° 07′ 01″，海拔约744米。这里是鹤峰县城连接县境西部乡镇的重要通道，也是鹤峰西去宣恩、恩施古道的第一段坡地石板台阶道路，目前残长约322米，整体呈东西走向，其石板台阶清晰可见。附近村民因为生产生活需要，仍在古道上往来行走。部分路段被树叶覆盖，已经荒废，道路延伸至新建的乡村公路。这段道路是用青石板沿山坡堆砌成的，每块青石板宽0.5 ~ 1米，长1.5 ~ 2米。道路一侧现存石板砌成的堡坎，高约1米。

头坡段石板路

1.13 阳坡段

阳坡段古茶道位于鹤峰县容美镇麻旺村四组,小地名叫后湾阳坡,中心地理坐标为北纬30° 39′ 44″,东经110° 33′ 02″,海拔约464米。该路段是县城连接附近茶区及中营茅坪茶道的分支线路,路线为"县城—鸡公洞—大溪村—碑坡—麻旺村"。

阳坡附近现有茶园约15亩,保存完好的古茶道位于村民高德华茶园与熊远双茶园中间,地势陡峭,长200米,整体呈南北走向。古道为石板台阶,每级台阶宽0.4~0.5米,长0.4~0.8米,是麻旺村去往县城的必经之路。

麻旺村、大溪村同为鹤峰历史上有名的茶叶主产区。麻旺村至县城的山路有20千米,力夫需行走3个小时。这段路自古以来少有骡马通行,茶农在自家加工干毛茶后,全靠人力背出大山,销往县城茶号。麻旺村是中营茅坪等茶区进出县城的必经之地。该路段沿线还有维修古道的功德碑及古茶园等重要遗存。

阳坡段石板路

1.14 卡坊段

　　卡坊段古茶道位于鹤峰县容美镇麻旺村二组碑坡至庙垭的卡坊（小地名），中心地理坐标为北纬29°54′17″，东经109°56′51″，海拔约1064米。该茶道是鹤峰县城至麻旺村以及官庄河、茅坪等茶区的重要道路，整体呈南北走向，全长约1千米，其中多处青石台阶因为农田耕种或乡村道路建设不复存在，古道遗存痕迹较多，碑坡、庙垭两处维修古道的功德碑保存较好。这段古茶道还穿过多处古茶园。

卡坊段古茶道

3号线路概述

古道3号线路以容美镇为起点,向北经青树包、石门、猪梁背、一碗水、腊树垭,然后分为两路:一是向北经二台、望乡台、中营、黍子坪出县境到恩施、建始等地,县境内道路长约70千米;二是向东经北佳坪、茶园、石堡、留驾司、香炉山、上村、鸡公山、老荒口、芹草坪、施州河、朝阳坪、清湖、箱子溪后进入2号线路至五峰或石门,县境内道路长约78千米。3号线路沿线古遗存有古茶道、客栈、驿站、庙宇等,古茶道总长39.8千米,其中保存较完整的茶道长12.7千米,保存较好的石质台阶道路总长6216.5米。

1.15鸡冠山段

鸡冠山段古茶道位于鹤峰县下坪乡上村村五组田启凤房屋旁约50米处,为保存完好的石质台阶道路,总长度约150米,宽0.8 ~ 1米,中心地理坐标为北纬30° 01′ 55″,东经110° 09′ 02″,海拔约1250米。由于近年来乡村公路建设未经此地,加之古道穿行在茂密的树林中,没有被大规模破坏,因此这是自留驾司茶号向东经香炉山高坡后,保存最完整的一段石板骡马路。古道东端有一通维修古道的功德碑。靠近农田、茶园的古道大都遭到毁弃,原古道多被辟为宅基地或农田。

鸡冠山段古茶道

1.16 板栗树垭段

板栗树垭段古茶道位于鹤峰县燕子镇朝阳村二组，中心地理坐标为北纬29°57′13″，东经110°24′51″，海拔约1270米。目前发现的多段石质台阶道路中保存较好的有两段，第一段是从施州河上板栗树垭的上坡路段，整体呈东西走向，总长65米，单个台阶长0.3~0.8米，宽0.1~0.3米，高0.1~0.3米；第二段位于朝阳村与董家村六组交界的七垭至董家村村委会的山坡间，石板路断断续续，总长约百米，最长的一段长30米。

板栗树垭段石板路

1.17 金沟段

金沟段古茶道位于鹤峰县五里乡三路口村金沟，中心地理坐标为北纬 29°57′03″，东经110°25′23″，海拔约1182米。因为农田基本建设和通村公路建设，多数古道不复存在。目前保存较好的古茶道是从金沟双松坪至明珠寺附近小山垭上的一段，道路整体呈东南—西北走向，长约800米，以大型块石铺就，石磴最宽处为1.2米，凡经过责任田的路段，均为块石路面，由不规则的石块铺就，部分路段因为农田基本建设或农民耕种成为土路，靠近明珠寺山崖的一段则是人工在山岩上凿成的基岩路面，有石脚窝或石阶梯。

金沟段古茶道

改土归流前后，这里人烟稀少。随着鹤峰茶叶不断被关注，尤其是清末民初广东茶商进入鹤峰后，随着五里坪、三路口、留驾司茶号的兴旺，金沟也逐渐繁荣起来。

早在清乾隆十五年（1750），湖南澧县一位叫金任杰的生意人慕名来到此地，发现这里不仅是四川至湖南的古盐道节点，而且是鹤峰茶叶东出石门、五峰的一道门户，于是在此地定居下来，至今传世十五代。后来，相继有四川、贵州、湖南等地人来此定居，其中舒家河沟（三路口附近）就有10多户外来定居者。当时金沟较大的家族有金氏、马氏、钟氏、刘氏，等等。当地居民与外来者共同开发这块土地，繁衍生息，成了当地的早期居民。他们用骡马队将茶叶、中药材、生漆、桐油、毛皮等山货运出，返程时把布匹、食盐等日用品运送进山。这支运输队是金沟古道的常客。除骡马队外，还有一支人力运输队，人力是雇佣来的农民，分为"挑夫队"和"背夫队"，人力运输队调动灵活，弥补了骡马运输队的不足。此外，还有挑着货担、手摇货郎鼓的货郎走乡串户，加上外来的逃荒人、卖艺人有时成群结队地路过，这条骡马古道显得格外热闹与忙碌。

这段古道沿线遗存丰富：有清嘉庆时期的功德碑，据史料记载，嘉庆中期，金名显联合龚吉成、龚能表、马继南、金联芙、刘位香，共同发起倡议，将水潭子经金沟至东流水邓家铺子的10余里泥巴山路，全部改修成石板路；有楸木洞驿站、双松坪客栈、倒洞子骡马店等遗址；有建于嘉庆十七年（1814）的明珠寺，湘鄂商人、骡马力夫等远近香客会集于此，香火旺盛达一个多世纪；还有老虎口、关岩洞等数处自然景观。

4号线路概述

古道4号线路是鹤峰县城向北经巴东到长阳资丘的茶叶运输线路，也是县城至本县最北端邬阳关金鸡口的主线路，包含不同时期邬阳、下坪向东经过高峰、五峰牛庄及采花的部分支系茶道。容美土司时期，这条线路自屏山，经二等岩、留驾司、下坪、椒园、龚家垭、崔家河、高桥河、毛家垭、邬阳关、金鸡口至巴东县。清光绪年间，其主线路改为以县城为起点，向北经洗脚溪、青树堡、堂房上（小地名）、水沙坪、陈四沟、关口上、两河口、留驾司、下坪、椒园、龚家垭、高桥河、毛家垭、邬阳关、金鸡口至巴东县；还有一条自下坪经老关桥、杨家垭、杉树铁敞坪、金鸡口的线路。这条古茶道全长约70千米，其中保存较完整的古道不足20千米，保存较好的青石台阶道路仅水沙坪留存的一段，长600多米。

1.18 水沙坪段

水沙坪段古茶道位于鹤峰县容美镇石门村五组，现存相对完整的路段长约2000米，中心地理坐标为北纬29° 56′ 23″，东经110° 02′ 36″，海拔约957米。这条道路由水沙坪北侧驿站沿山麓呈"之"字形向西翻越山坳，抵达堂房上，多是用青石板沿山坡堆砌成的不规则石板阶梯路，每级台阶宽0.7 ~ 1.9米，厚0.2 ~ 0.38米，最长的条石长1.4米，宽0.75米，厚0.26米。

这条道路原为土司时期所用官道，在清代中晚期至20世纪60年代，一直被运输茶叶的商贩使用，是鹤峰县城到邬阳关的主要道路；在清末至民国时期，是鹤峰部分茶叶经巴东运送到长阳资丘的茶道。2000年，修建石门村、观音坡村村级公路时，因盘山公路跨越古道，水沙坪古道多处遭到破坏。随着社会的发展和现代公路的修建，这条道路现已基本废弃。

水沙坪段古茶道

1.19 观音坡段

观音坡段古茶道位于鹤峰县下坪乡两河口至容美镇关口垭的观音坡，中心地理坐标为北纬29° 57′ 47″，东经110° 02′ 55″，海拔约620米。现存完整的路段长约100米，宽0.3 ~ 0.8米。这段道路坡度大，全长约4500米，呈"之"字形，整体呈南北走向。由于观音坡属砂质土壤，清代末期，少量的石板路逐渐变成砂坡路，自两河口经炭亏子、野烧蹬至下坪乡堰坪村境内。野烧蹬、马岭关、关口垭属容美镇观音坡村三组。

在观音坡山麓，有一小型驿站，称"两河口客栈"，因其下临渡口，也称"渡口栈房"，其实渡口并无渡船，仅有一座小木桥。由于这里是留驾司、下坪、邬阳关、金鸡口以及巴东、长阳往来鹤峰的必经之地，加之水沙坪至留驾司之间仅有这一处驿站，因此该驿站供往来的骡客住宿餐饮，生意较好。从驿站到鹤峰县城的观音坡古道有近十里的陡壁高坡，为避免负重的骡马因山势陡峭而稳不住脚，以"之"字拐回环蜿蜒。观音坡中段有一个叫野烧蹬的地方，这里有一股常年不干的清泉，古往今来的行人都会在这里停下休息片刻，喝一捧山泉水。泉水周围有天然石凳，另有供骡马饮水的岩槽。自野烧蹬开始进入容美镇观音坡村，观音坡村在大山顶部，阳坡面称"小观音坡"，阴坡面称"大观音坡"，观音坡段古茶道属大观音坡。

观音坡段古茶道附近保留有多处历史遗迹，承载着鹤峰不同时期的历史故事。据文献记载，明弘治十八年（1505），王田秀的庶长子百里俾篡位，在观音坡河侧弑父杀兄。第二次国内革命战争时期，贺龙率领工农革命军游击鄂西，于1929年1月抵达两河口。敌军得知贺龙率部将要攻打鹤峰城，调县团练队队长田少梦带大批兵力严守观音坡制高点关口下。敌军在

观音坡段古茶道

这里修筑战壕，架起雷石滚木。贺龙巧施"火龙计"，一边趁着夜色让数百只绑着火把的山羊跑来跑去，迷惑敌人，一边派刚刚收编为革命军的神兵将关口下的敌军一举歼灭。战壕及战场遗址现在仍依稀可见。

5号线路概述

古道5号线路由四川经建始县官店或恩施石灰窑，进入中营韭菜坝、长湾、七垭、龚家垭、杨家垭、大岩堡、岩河沟、芹草坪、清湖、箱子溪、鹿耳庄、金沟、三路口、大隘关、白果坪、所坪、南北镇出县境，进入湖南省石门县。这条古道民间俗称"川南（四川—湖南）骡马大路"，全长120千米，其中保存较好且仍然有人行走的古道长9.9千米，保存较好的石板道路长3447米。人们利用这条古道将鹤峰北部出产的茶叶运输至五峰或湖南，此外还将四川的食盐贩卖至湖南，因此也有人称此道为"川南盐道"。

1.20 龚家垭百步磴

龚家垭百步磴位于鹤峰县邬阳乡龚家垭村三组，中心地理坐标为北纬30°07′19″，东经110°07′33″，海拔约1145米。龚家垭百步磴是古茶道"七垭—青岩荒—百步磴—龚家垭"中的一段，其所在地为一陡峭山顶，翻过山顶就是中营镇长湾村，道路整体呈南北走向。山顶到山脚落差约200米，百步磴有107级台阶，台阶由大块方形条石垒砌而成，宽1.5～2米，现基本保存完好。

龚家垭百步磴曾经是川南大道在鹤峰县境内重要的一段，从建始、恩施经中营镇、韭菜坝、百步磴到达龚家垭后，既可以向北到金鸡口，又可以向东进入五峰，向南进入湖南省石门县。当地百姓介绍，百步磴相传是清代施南蒋姓人家私人出钱修的一条骡马大路，以方便赶骡马出湖南。

龚家垭百步磴石板路

1.21 岩河沟段

岩河沟段古茶道位于鹤峰县燕子镇芹草坪村三组,中心地理坐标为北纬30°06′00″,东经110°16′43″,海拔约1482米。岩河沟段古茶道全长约1600米,整体呈东西走向,其中保存完整的石板路有三段:靠近岩河驿站的锈水沟段,长约80米;岩河中部大沟至朱赛婆屋场段,长约100米;岩河最北端靠近芹草坪的高岩凳段,长约200米。路面由块石、条石堆砌而成,宽约0.5～1.3米,路线为"下河沟古驿站—锈水沟—大沟—朱赛婆屋场—高岩凳—芹草坪"。岩河沟石板路中段有一处被当地人称为"朱赛婆屋场"的小台地。据传,有一个叫朱赛婆的女人在此开过驿站,由于规模不大,一般在岩河沟驿站住不下的客人才会来此住宿。距离此处不到200米的另一台地上有一佘姓老人的房屋。后来佘姓老人搬离此地。20世纪60年代，生产队见此地有较优质的黄泥巴适宜做瓦，就请来一位名叫袁顺清的湖南瓦匠在此地做瓦。当地百姓在开辟菜地的过程中，挖出部分木房子构件以及铜质大茶壶、扁担等器物。后来几次山洪暴发又冲出一些木质房屋构件。附近的村民非常惊奇，找已经搬离此地的佘某打听，佘某自称其房屋是清代老建筑，但是从来不知道此处地下还有被掩埋的老木屋。目前，被掩埋的老木屋仍有木质构件裸露在外。

芹草坪至大岩村的公路修通后，岩河沟段石板古茶道被废弃，唯村民徐某因责任山地在岩河沟驿站附近而往返此道。自二十世纪六七十年代，当地村民张淼元自愿整修这条古道，十年如一日，无怨无悔，为当地人所赞誉。张淼元死后，公路逐渐替代了古道，岩河沟段古茶道因无人维修而逐渐荒废。

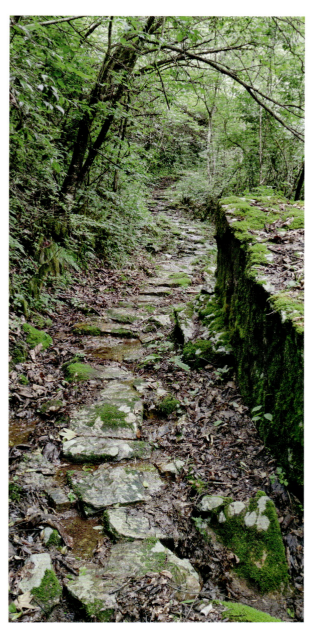

岩河沟段石板路

二、古 桥

2.1 九峰桥

　　九峰桥位于鹤峰县城东3.5千米的容美镇张家村与细柳城村交界处，南北向跨溇水支流深潭溪。该桥中心地理坐标为北纬29°54′05″，东经110°03′30″，海拔约520米。该桥是单孔石拱桥，长25.1米，宽4米，跨径6米，拱券纵联砌置，单券单伏，是容美土司司主田舜年首次聘用司外石匠修建的石拱桥，建于清康熙二十五年（1686），因田舜年号"九峰"而得名。该桥是容美土司东出石门、五峰、宜都的必经之路。桥北立石碑两通，间距1米，均为青石质，圆首，碑文楷书。前碑高1.31米，宽0.54米，厚0.16米，额题"彪炳千秋"，文10行421字，记

原坐落于九峰桥官坟园的奉天诰命碑

修九峰桥的经过；后碑高1.48米，宽0.58米，厚0.31米，中竖书"九峰桥"，文4行101字，记修桥捐款人姓名。据碑文记载，清康熙二十五年（1686），土司田舜年主持修建九峰桥；清乾隆十二年（1747），州府对垮塌的南岸引桥部分进行了修补；1927年，地方政府对九峰桥进行维修。新中国成立后，在九峰桥旁边修建了一座公路桥——跃进桥。

1986年，九峰桥被鹤峰县人民政府公布为第一批文物保护单位；1989年，被恩施土家族苗族自治州人民政府公布为文物保护单位；1992年，被湖北省人民政府公布为第三批文物保护单位。2002年，鹤峰县人民政府对该桥进行了抢救性维修，并将两通坍塌在即的碑刻迁至鹤峰县博物馆民族碑林。九峰桥是容美土司遗址的重要组成部分。2006年，容美土司遗址被国务院公布为第六批全国重点文物保护单位。

九峰桥（红色部分为后修建的公路桥）

2.2龙溪桥

龙溪桥始建于明天启年间,位于鹤峰县城东街洗脚溪上,即鹤峰县容美镇龙井村一组沿河路东街,中心地理坐标为北纬29°53′27″,东经110°01′59″,海拔约551米。该桥为单孔石拱桥,长15米,宽4.8米,跨径5.8米,桥台和拱券全为石灰浆砌条石。该桥建于容美土司田世爵在任时期,因田世爵号"龙溪"而得名,桥后有桂花树两株,因此又被人们称为"桂花桥"。该桥是容美土司时期直至改土归流后,鹤峰州东出州府所经过的第一座石拱桥。

新中国成立前后,该桥桥面损坏,加之后期公路改线不经此桥,故此桥被废弃,年久失修。20世纪80年代,鹤峰县自来水公司在此修建办公大楼,将该桥西端部分填埋。2018年,在城市基础设施改造工程中,发现原龙溪桥拱券基本完好,决定保留。

龙溪桥

2.3 平步桥

平步桥位于鹤峰县容美镇屏山村与燕子镇新寨村交界处，中心地理坐标为北纬29°56′48″，东经110°05′43″，海拔约619米。该桥为单孔石拱桥，桥长17.4米，宽3.6米，距河面高14米，跨径6.4米，呈东西向，横跨躲避峡两岸，拱券纵联砌置，桥面两侧原石护栏已损毁。东侧桥面上长有青冈树，古桥两端石质基座及桥墩局部变形，桥头西端有残碑一块，长1米，宽0.72米，厚0.21米，碑文大部分已模糊不清，但尚可辨认时间为清乾隆三十二年（1767）。平步桥是容美土司时期，人们进出屏山的重要关隘之一。

平步桥

2.4 铁锁桥

铁锁桥原称"天心桥"，位于鹤峰县容美镇屏山村，中心地理坐标为北纬30° 34′ 53″，东经110° 07′ 16″，海拔约655米。该桥原为铁锁吊桥，根据现有建筑痕迹推测，该桥净跨可达18米，桥面距峡谷底高110米。据清光绪二十一年（1895）重修铁锁桥之碑文可知，以州候补训导李澍馨为首捐资重修屏山铁锁桥，历时三年竣工。桥两端安装铁锁，夜锁以隔奸细而固守备，沿袭旧制重建之铁锁桥。健壮者立于桥上俯瞰河底，往往毛骨悚然心悸头晕。行者若不经过此桥，则须绕越危岩峻岭，小心翼翼急行天余方抵达彼岸。

20世纪60年代，该桥已腐朽不堪，人行桥上，如履薄冰，提心吊胆，蹑手蹑脚而过。1970年，鹤峰县交通局在该桥原址上方修建石拱桥，新桥净跨28米，宽4.5米，高120米。原铁锁桥虽有历史记载但无桥形复存。现在崖壁上还能见到由铁锁桥上山的台阶和桥基榫眼痕迹。

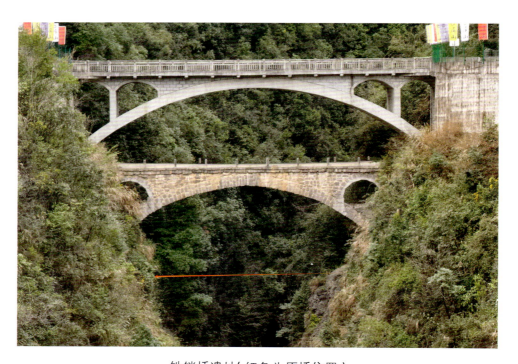

铁锁桥遗址（红色为原桥位置）

2.5 狗儿桥

狗儿桥位于鹤峰县容美镇新庄村,中心地理坐标为北纬29° 55′ 13″,东经110° 03′ 40″,海拔约525米。该桥是县境内尚存跨径较大的石拱桥,净跨8米,宽4米,全长12米,桥面距河底高10米。古桥虽完好无损,但桥碑已毁,有关建桥的资料无可稽考。

1984年,鹤峰县财政拨款将原桥用钢筋混凝土悬板加固。后来,屏山景区公路扩宽,直接把原古桥作为路基使用。在鹤峰县现存的古石桥中,该桥是被用于现代公路桥梁建设的古桥之一。

狗儿桥

2.6天然桥

天然桥位于鹤峰县容美镇新庄村二组溇水河上，中心地理坐标为北纬29°01′36″，东经110°07′09″，海拔约860米。该桥是容美土司时期，鹤峰第二座跨径较大的石拱桥。根据现有建筑痕迹推测，该桥净跨可达15米，桥面距水面高达14米，是屏山通往观音坡的唯一通道。虽然旧编《鹤峰县志》对该桥无记载，但桥头所立石碑犹存，有"天然桥"和"碧峰"字迹尚能辨认，因容美末代土司田旻如号"碧峰"，故推测此桥当为田旻如主持修建。田旻如自康熙四十六年（1707）承袭至雍正十一年（1733），后投缳自尽，此桥应是此时期内所建。

天然桥石碑

天然桥桥基置于天然生成的石壁基岩上，桥两岸石壁上均有石洞，燕子栖息其间，每当春夏之际，实有"彩和接壁感起舞"之美，所以当地人也称此桥为"燕子桥"。

桥基遗址

2.7 得胜桥

得胜桥位于鹤峰县容美镇龙井村二组紫草山西侧山麓,横跨洗脚溪,中心地理坐标为北纬29° 54′ 05″,东经110° 01′ 49″,海拔约546米。该桥为单孔石拱桥,长7.6米,宽3.15米,高3.5米,跨径4.1米,整体呈东北—西南走向,桥基、拱券保存较好,民间俗称"洗脚溪桥",有关文献称"永安桥"。清代著名戏曲家顾彩在《容美纪游》中记载:"二十日,邀余游下坡,观得胜桥,请余作记刻石。桥在紫草山下坡,跨龙溪江以通往来。"由地理位置可知,此桥就是"得胜桥"。

容美土司时期及改土归流以后,这里是容美以北地区重要的商贸通道之一,中营、北佳坪、留驾司、邬阳方向的商贾骡队必须经过洗脚溪才能进入容美中心。该桥是鹤峰县城北连接恩施、巴东、建始等地的第一座桥梁。

得胜桥

2.8余家桥

余家桥位于鹤峰县五里乡南村村二组、容美土司南府遗址西部,中心地理坐标为北纬29°54′09″,东经110°17′22″,海拔约898米。该桥为单孔平板石桥,桥体横跨于高家湾溪沟东西两侧的简易桥台上,桥台由打制的不规则大块石错缝干垒而成,桥面由三块经过粗加工的长条石构成,桥面长5.2米,宽1.5米,厚0.2~0.56米,距高家湾溪沟沟底2.5米。该桥是容美土司时期中府经南渡江、大木坪,进入南府的第一座石板桥梁,也是容美土司南府遗址诸多桥梁中具有代表性的石板桥之一。

余家桥

2.9 二房桥

　　二房桥位于鹤峰县五里乡南村村二组、容美土司南府遗址西南部,中心地理坐标为北纬29°54′09″,东经110°17′35″,海拔约907米。该桥是由三块长5米多的石板搭建的石板桥,桥体横跨南村村二房沟,架设在两侧岩石上,桥身为南北向,桥北端古道连接余家桥,桥南端古道部分被341省道叠压。桥面由三块经过粗加工的长条石构成,距河沟底3.2米。该桥因多次遭遇洪水而损坏,现桥面仅剩两块条石,其中一块断裂。为方便行人往来,当地人重新对其进行了维修加固。

二房桥

2.10 上马凳桥

上马凳桥位于鹤峰县五里乡南村村三组、容美土司南府遗址西南部,中心地理坐标为北纬29°54′10″,东经110°17′46″,海拔约937米。该桥为单孔平板石桥,桥体为东西向,东西长2.36米,南北宽2.04米,石板厚0.24米。桥面由三块长方形青砂岩石板构成,保存较好。南北向有一条自然冲沟,水流较小,沟底表面光滑,南侧距沟底较浅,北侧距沟底较深。桥梁现仅存北侧石栏板,栏板以榫卯结构插立在北侧第二块石板中间,石板上有三个榫眼,栏板与立柱是用灰白色石灰岩石整体打制而成的。栏板上有浅浮雕,雕有长方形池子,池子内雕刻有两个相对称的缠枝花纹。相传土司官员进入南府走到这里,文官需下轿,武官需下马,再步行进入南府行署。

上马凳桥

2.11 张爷桥

张爷桥位于鹤峰县五里乡南村村三组、容美土司南府遗址中部,中心地理坐标为北纬29°54′11″,东经110°17′50″,海拔约921米。该桥为单孔石拱桥,桥体横跨南村村溪沟两岸,南端紧邻赑屃碑,北靠庙堡山麓,整体呈南北走向,是南府遗址至连三坡段最大的石拱桥。桥身通长9.64米,宽2.84米,桥面距河底高4.8米,桥跨径5.16米,拱券高2.82米,桥面由17块青石板南北向平铺而成。东西两侧桥面上有青石块垒砌的栏杆,南北两侧分别设有7级台阶。河身驳岸由不规则石块垒砌而成,与拱券面形成扇面状,底部金刚墙造型规整。

张爷桥是容美土司遗址的重要组成部分。2006年,容美土司遗址被国务院公布为第六批全国重点文物保护单位。

张爷桥

2.12柏枝树桥

柏枝树桥位于鹤峰县五里乡南村村三组、容美土司南府遗址中部偏西,中心地理坐标为北纬29° 54′ 14″,东经110° 17′ 56″,海拔约923米。南府行署区内有葫芦岩湾和向家湾两条壕沟连接大河,形成类似护城河般的地势。该桥为单孔平板石桥,横跨行署遗址的西壕沟,桥身呈南北向,桥面由三块经过粗加工、较平整的石板构成,三块石板分别长2.3米、2.6米、2.4米,宽0.62米、0.6米、0.98米,桥面距壕沟底高1.8米。因村民将距桥很近的古树红豆杉误认为"柏枝树",故称此桥为"柏枝树桥"。

柏枝树桥

2.13善心桥

善心桥位于鹤峰县五里乡南村村三组、容美土司南府遗址东部,中心地理坐标为北纬29° 54′ 15″,东经110° 17′ 54″,海拔约924米。该桥为单孔石拱桥,由金刚墙石、内券石、龙门券石、展翅石、面板石建造而成,左右金刚石墙间距为3.42米。桥面由四块不规整的石板平铺而成,四块石板分别长2.5米、2.2米、1.3米、2米,厚0.2 ~ 0.3米。该桥为清代早期桥梁,桥东岸有一通重修善心桥的功德碑。善心桥是连接南府至连三坡、五里坪方向的重要桥梁,桥西连接南府司署南边的石街,即中府通往南府的道路,桥的东边不足100米处即连三坡第一坡的起点。

善心桥

2.14 广福桥

　　广福桥位于鹤峰县五里乡南村村三、四组交界的连三坡第二坡溪沟上,中心地理坐标为北纬29° 53′ 81″,东经110° 18′ 23″,海拔约996米。该桥为单孔平板石桥,桥体呈东西向,溪沟两岸的"八"字形桥头堡由大小不等的条石在基岩上干垒而成,桥面由两块长条石平铺而成。北边条石长4米,宽0.66米,厚0.45米;南边条石长4.2米,宽0.8米,厚0.45米。桥西侧8米处立有功德碑一通,碑面向北而立,风化严重,依稀可见部分修桥修路捐款者姓名及捐款数目。

广福桥

2.15 笔架湾桥

笔架湾桥位于鹤峰县五里乡南村村四组、连三坡古道第二坡顶端的溪沟上,中心地理坐标为北纬29°23′40″,东经110°18′29″,海拔约1027米。该桥为单孔平板石桥,其"八"字形桥头堡由大小不等的条石在基岩上干垒而成,桥面则由两块长2.8米、宽0.4米、厚0.2米的青石板平铺而成。笔架湾桥是连三坡前往五里坪方向的重要桥梁。

笔架湾桥

2.16 街店子桥

　　街店子桥位于鹤峰县五里乡瓦屋村一组,中心地理坐标为北纬29° 23′ 44″,东经110° 54′ 48″,海拔约1144米。该桥为单孔石拱桥,桥高2.65米,跨径3.6米。由于此桥基座稳固,拱券石块较大,整体保存良好,现仍被周边居民使用。

街店子桥

2.17接龙桥

接龙桥位于鹤峰县五里乡三路口村一组,中心地理坐标为北纬29°54′54″,东经110°25′59″,海拔约1147米。该桥为单孔石拱桥,呈东西向,横跨杭明溪,桥高5米,长7.8米,桥面宽3.9米,拱高4.5米,跨径5.5米,桥面及护栏均由长1.5~2.5米的条石铺砌而成。桥东岸原立有清乾隆年间石碑两通,桥侧立有接龙桥修建碑和兴隆桥碑。碑文详细记载了重修该桥的时间及捐款人姓名等,碑通高1.65米,宽1.72米。根据碑文可知,接龙桥始建于乾隆十七年(1752),由徐约领修,它的建成解决了当地人一遇洪水便路途阻绝的困境。清嘉庆初年,接龙桥因遭特大洪水损坏。当时三路口已是各民族聚居、经济繁荣的商贸重镇。各族群众再次集资,于嘉庆三年(1798)重修此桥,领修者为毛书振、陈万选、熊之才、毛书安等6人,捐资者有徐绍光、夏希圣等172人,分属土家族、汉族、苗族、白族,共67个姓氏。竣工之日,众人立碑志庆,洪智哲撰写碑文,并改桥名为"兴隆桥"。此桥距容美第一门户大隘关仅2.5千米,是改土归流后五里坪、三路口一带兴建的第一座桥梁。

2014年,《湖北省桥梁志》收录了接龙桥。2018年,接龙桥被鹤峰县人民政府公布为第二批文物保护单位。

接龙桥

2.18 安乐桥

安乐桥位于鹤峰县五里乡三路口村十一组,中心地理坐标为北纬29°57′16″,东经110°24′35″,海拔约1216米。安乐桥始建于清嘉庆甲戌年(1814),由张世秀捐修。当时应是取周边山体上的石灰岩简单打磨制成条石(长度在2米以上),铺设在河沟两岸,形成简易石板桥梁。桥面由三块条石并排平铺而成,三块条石(自南向北)的尺寸分别为:长2.12米,宽0.4米,厚0.17米;长1.96米,宽0.4米,厚0.17米;长2.12米,宽0.4米,厚0.16米。桥西南侧立有石碑一通,保存完好,碑通高0.76米,宽0.45米,厚0.1米。该桥是鹤峰古茶道"箱子溪—五峰鹿耳庄—水潭子—金沟—倒洞子(东流水)—三路口"段内保存较好的一座微型石板桥。五里至湾潭的公路自西向东从安乐桥南侧通过,部分古道被公路覆盖。

安乐桥东侧有安福金永兴西记客店遗址,尚存安福金永兴西记客店招牌。21世纪初,虽然村民在安乐桥东侧的客店遗址上修建现代楼房时将安乐桥下的河沟进行了整治,但桥面依然保持原始风貌。

安乐桥及捐修功德碑

2.19 桥二沟桥

　　桥二沟桥位于鹤峰县五里乡三路口村十一组，小地名叫桥二沟，中心地理坐标为北纬29°57′07″，东经110°25′16″，海拔约1166米。该桥为单孔石板桥，南北走向，原桥面由两块青石板组成，长2.3～2.4米，宽1.2米，厚0.18～0.22米，后来东侧的一块青石板损毁，现存西侧的青石板长2.4米，宽0.6米，厚0.22米。

　　在鹤峰古茶道的箱子溪至三路口路段中，桥二沟桥所处地势低，双松坪及倒洞子骡马店背靠山，雨季时形成的巨大山溪会自西向东冲刷成溪沟，晴天时无阻碍，但雨季或山洪暴发时，骡马商旅便无法通过。清代末期修建道路时，工人在溪沟南北两侧用毛石垒砌建成宽度为1.8米的河堤，再用青石板铺于河堤上形成桥面，桥面距沟底高1.32米。桥面南侧河堤岩石上有人工凿成的长方形凹槽，长0.14米，宽0.5米，高0.13米，以便于将桥面石板嵌入，从而达到稳固桥梁的目的。

　　桥二沟桥虽小，但方便了雨季时过往运输货物的行人及骡马。小桥连接了两端的石板山道，现在依然作为当地村民生产生活行走的路桥使用。桥东南方约100米为倒洞子骡马店。

桥二沟桥

2.20 平水河屋桥

　　平水河屋桥横跨鹤峰县五里乡寻梅村与燕子镇桃山村交界的溇水河支流,中心地理坐标为北纬29°56′49″,东经110°16′56″,海拔约391米。该桥始建于20世纪60年代中期,系悬臂式木廊风雨桥,既可以遮风避雨,又可以供过往行人休息和观赏风景。桥长42.1米,宽2.65米,河床上建有3个方形石质桥墩,高6米,有边长30厘米左右的方形木枕24根,用多颗铁螺栓首尾相连,置于3个条石垒砌的方形桥墩之上,木枕下斜穿十字形圆木交叉受力,木枕上置横梁,上铺设木板形成桥面。上为穿斗台梁式木廊梁架,二柱一骑十排扇,开九间,斜面双坡顶,上盖小青瓦。两侧立柱间斜穿十字形圆木交叉受力,上下枕木有直径2.5厘米的圆柱形钢筋螺栓相卯。

　　平水河屋桥是鹤峰县境内最大的木结构屋桥之一,是鹤峰县燕子镇、五里乡及五峰县居民通行及茶叶生产流通的重要桥梁通道。后来,由于乡村公路的建设发展,该桥逐渐失去了昔日的重要作用。2001年夏季山洪暴发,该桥被洪水冲毁。

平水河屋桥

2.21 白果（街头）石拱桥

白果（街头）石拱桥位于鹤峰县走马镇白果村五组，中心地理坐标为北纬29°88′13″，东经110°46′88″，海拔约831米。该桥为单孔石拱桥，东西走向，横跨白果坪下街头的小岩口河，全部由青石板平铺而成，现存桥面长4.2米，宽3.6米，桥面两侧有青石块垒砌的栏杆，东西两侧分别设有7级台阶，拱券顶部距河底高4米，修建年代不详，是清光绪年间时任山羊司巡检刘厚菴主持修建的。

据说，白果（街头）石拱桥原建有遮风挡雨的木质长廊，俗称"屋桥"。廊柱上贴有对联："桥通东西南北，屋识春夏秋冬。"屋桥于新中国成立初期被拆毁，石拱桥基本保存完好，唯桥面有破损。距离该桥150米的公路桥建成后，此桥基本废弃。

白果（街头）石拱桥

2.22 花桥

花桥位于鹤峰县走马镇花桥村五组,小地名叫花桥坪,中心地理坐标为北纬29° 53′28″,东经110° 29′33″,海拔约771米。该桥原为一木质屋桥,桥上木屋为穿斗式结构,小青瓦盖顶,四柱三棋。该桥横跨虹洞河,桥面通道临水两侧有栅栏围杆,与背靠檐柱之坐凳构成行人游玩或观水的长廊,

建筑遗迹

中间宽通道为骡马或过往力夫专用。桥柱上曾有一副对联:"水流虹洞遗千古,山坐白羊绕七星。"对联中包含了花桥附近的一些小地名,如虹洞河、七星湾等。原花桥碑刻损毁,因为新修公路桥,原木桥被拆毁,新建的公路桥也称"花桥"。下附《鹤峰州志》卷十三所录《重建虹洞桥碑记》一文。

重建的花桥(公路桥)

　　澧水东北折，别沂溪稍西、上天门，抵陵阳，距百里许，为添平御。治邻御齿，属则麻阳。麻阳者，麻寮守御也，唐氏世职于兹。考麻阳古娄中地，西接容美，东折出石、澧，达荆、岳，南迄九溪慈利。慈利在昔为临澧。国朝割临澧天门之僻隘，建设守御，隶属九溪，俾阻要害，辟丛篁，备征缮，过凶攘，地多悬菁林，丹障邃谷，岧巘潋矗，洞派凛冽，雨注泉鸣，瀑湍驶迅，回合成溪。其两水环唐氏宅夹抱周旋，汇于麓右，则虹洞桥是也。每当水涨岸裂，势同望洋，需藉浮鼋续断航。弘治初年，户侯唐公明德，就墩架木构亭其上，久之颓圮，后龙岗公嘉靖年间重辑。卷石飞甍，磷磷更新，旧传于姑元学者，董助甚力，岁月浸远，汹涛激石，流渐齿唇。乙酉徂暑，泡雨冲溃，裔孙唐侯君秩，恻然念之，乃出私橐，鸠雇工，求砺碫，斩阴木，浃旬告竣，亭厦备具，桥成仍其故，额曰："虹洞勿忘祖也。"时余伏苦块，避寇添平，唐君走，使告书其事。余以时事怆心，楮墨久废，辞。唐侯复请曰："夫再造者艰前，经始者劝后。某之营此。先是得诸祖梦，仿佛仙姑寺内子同符，翘梁成即捧橄出师，矢勒先烈，殆有神乎？明公何惜一言，不以示鼓舞后之人罔闻知。"余惟周礼司险，知川泽之阻，而达其道路。水涧具举，独木云槎，横木云彴，石杠云倚，麻阳虽僻，然棘除道通，合为九溪。侯之事此，视夹彩架天。有间比诸椎彴，则已悬矣。又阳美似虹，谓其桥南北高起，有似虹形，棘林垂虹。宋绍兴中，金人犯境，众议焚桥，郡守洪遵持不可。县父老亦集哭圮下，得不果焚。虹之命名，厥来有自。今者北师南下，狡寇星奔，所幸长江一带，宛然天堑，使得胜兵良将，造舟为梁，断流可期，奚止过其飞渡耶！夫慈利治西，有水沉洞焉，发源酉水，经流鲁阳山，俗呼为鲁阳溪，计虹洞浸流，相去不远，异源同派。繇临澧共曾湘沅，以道于江水之朝宗。桥之取义，悉与时事合。唐君此往，以其治桥节而爱，推诸治兵律而臧，指侯奏肤，公膺上赏贻后，昆光祖德，端在兹矣。讵止修葺一桥之为功德乎？遂走笔书之，以示唐君曰："其毋忘此志。"是役也，起于某年月日，落成某月日，唐君名加升，字君秩，世袭麻寮守御所正千户。

2.23 夹沟桥

夹沟桥位于鹤峰县走马镇周家峪村六组,小地名叫夹沟,中心地理坐标为北纬29°01′29″,东经110°49′25″,海拔约747米。该桥是单孔石板桥,南北走向,长4米,宽1米,由两块条石搭建而成,桥高1.6米。桥两侧是用规整石块垒砌的桥头基座,桥头基座呈圆角形,均宽0.8米,高1.5米。夹沟桥是走马镇经南北镇,通往湖南省石门县清官渡古茶道途中唯一留存的石板桥。

夹沟桥

2.24 兴隆街屋桥

兴隆街屋桥位于鹤峰县走马镇白果村二组,中心地理坐标为北纬29° 52° 51″,东经110° 27′ 43″,海拔约892米。兴隆街屋桥始建年代不详,重修于清宣统二年(1910),后虽经过多次维修,但终被洪水冲毁。1950年,当地政府号召村民捐钱捐物,在原桥址上重新建起木质屋桥。新桥呈南北走向,桥身长12米,宽5米,木屋为穿斗式结构,小青瓦盖顶,四柱三棋,横跨青龙河,两岸桥基由四根长9米、宽0.45米的方形木枕搭成,桥面由木板平铺而成。其悬山顶部紧靠脊檩的挂枋上有楷书记录建桥捐款人、石匠、木匠、监工等人姓名。

土地革命时期,贺龙率领工农红军转战湘鄂西时,多次经过此桥往返于鹤峰关内外,当地百姓多次到桥前迎送红军,故此桥又称"红军桥"。1993年,当地政府认为此屋桥附近已新建石拱桥,便将兴隆街屋桥拆除,卖掉了屋桥木质构件等。鹤峰县文博部门知悉此事后,迅速赶往现场,经过一周艰苦细致的工作,追回原桥建筑材料,重新还建。还建竣工之日,近千人前来参观,周边村组的百姓也赶来自发燃放鞭炮,以庆祝文物失而复得。鹤峰县文博部门抢救性保护兴隆桥的行为得到州、县文物主管部门的表彰,《中国文物报》对此进行了专题报道。此桥历史悠久,民族特色浓郁,对研究西南少数民族政治、经济、文化具有重要价值。1986年,此桥被鹤峰县人民政府公布为第一批文物保护单位。

兴隆街屋桥旧照

兴隆街屋桥

2.25 百顺桥

百顺桥位于鹤峰、五峰两县交界处,属容美土司自中府东出百年关和大隘关官道的必经之地,中心地理坐标为北纬29° 57′ 52″,东经110° 18′ 08″,海拔约454米。该桥原为铁索吊桥,南北走向,横跨五峰县湾潭镇锁金山村二组和鹤峰县燕子镇百顺村三组交界的河流。

清康熙二十八年（1689）,容美土司田舜年受到康熙皇帝的召见,康熙二十九年（1690）春返回司地时,又逢百顺桥完工,此时田舜年感到百事称心如意,取司内百事皆顺之意,勒石而命之曰"百顺桥"。桥南立有"百顺桥"碑,碑为石质,碑首弧形,高1.9米,宽0.84米,厚0.22米,碑上部有用阴线勾勒的"百顺桥"三个篆体大字,碑文竖书23行2000余字。碑文主要记述了康熙二十七年（1688）田舜年在水泥、百益、五峰、石梁等处的经略,以及后来田舜年面见康熙皇帝请封之事及沿途经过,还记载了容美土司下辖官员的分封官职等。

原百顺桥已于清乾隆五十三年（1788）被洪水冲毁,仅存桥基。1969年,在原址下游重建石拱桥。该桥桥面呈弧状,两侧有条石垒砌而成的护栏,桥长32.8米,宽4.7米,跨径20米,桥顶面距河面高11米,现作为村级交通干道使用。

重建的百顺桥

2.26 青龙桥

青龙桥位于鹤峰县燕子镇燕子社区一组,中心地理坐标为北纬29°58′06″,东经110°13′07″,海拔约1179米。该桥为单孔石拱桥,东南—西北走向,桥长15米,宽3.8米,跨径5米,券顶距河面高6米。该桥曾经历几次大的维修,民国时期,由当地人覃月清领头维修。青龙桥原为屋桥,两侧为木栏杆,栏杆内侧有固定的长木凳,可供过往行人休息。桥头原立有石碑,桥拱券两端分别有龙头和龙尾,屋桥、石碑、龙头均在"文革"时期被毁,遗迹现仍清晰可见。

改土归流后,鹤峰至五峰的官道从燕子坪改修新道路,避开了燕子亭、油坪、手爬岩、红茅尖等险道,改走新铺、新行、新路坡、清水氽,而自新铺至新路坡,必须涉水燕子溪,此桥仍是必经之地。青龙桥既是容美土司的官道,也是鹤峰茶叶、药材等外销运输的主要道路,是鹤峰人东出渔洋关的必经之桥。

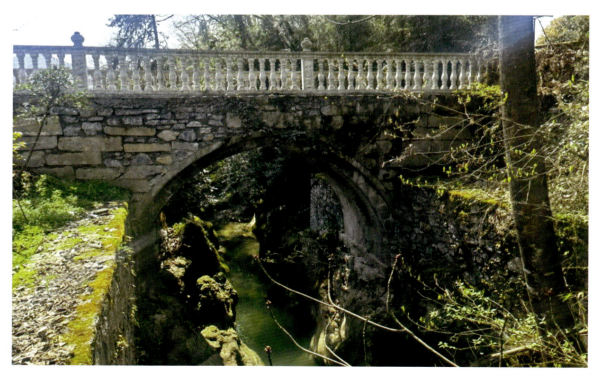

维修后的青龙桥

2.27 古龙桥

　　古龙桥位于鹤峰县中营镇大路坪村一组庙屋场，中心地理坐标为北纬29° 59′ 40″，东经110° 00′ 50″，海拔约660米。该桥原为清康熙年间修建的穿斗式木质结构屋桥，民国时期被水冲毁。1970年，在原桥的位置上重新修建了一座风雨桥。

重建的古龙桥

三、古渡口

3.1 南渡江渡口

南渡江渡口位于鹤峰县五里乡与燕子镇交界的南渡江段,南岸属五里乡水泉村十组,北岸属燕子镇楠木村六组,中心地理坐标为北纬29°53′07″,东经110°02′01″,海拔约346米。2021年,因江坪河水电站蓄水发电,该渡口遗址被淹没。

在南渡江公路桥未修建之前,南渡江渡口是鹤峰城到关外及湖南必经之渡口,在容美土司时期就已经形成。土司为方便行人往来及运送茶叶、药材等产品过江,用很长的竹木绑扎为排,横卧江中,近似浮桥一样固定于北岸龙嘴至南岸。清康熙四十三年(1704),顾彩游历容美,在《容美纪游》中对南渡江渡口有详细描述:"土人编竹木为桥,偃卧水面,傍施扶栏,侧足而行,惴惴恐堕。桥凡十余节,踏一节,余俱撼动。一人过讫,后者乃登,人多则莫支矣。"清末民初,随着红茶运输量猛增,运茶力夫或行人落入水中的事故时有发生。据传,南村茶叶商贩段宏槐运茶渡江,力夫背茶叶行走于木排桥,水急浪大,木排桥摇晃得厉害,力夫被晃倒在桥,段宏槐放下抱着的小孩,不顾一切地冲去搀扶力夫,以致小孩掉入水中,被洪水吞噬。

渡口南岸

北岸龙嘴

南渡江渡口遗址

　　清雍正十三年（1735），首任知州毛峻德将南渡江渡口设为官渡形式，后因渡口子食不敷，每向过渡人取钱，年终又沿户收谷，名曰筏税。州府知悉，于光绪年间，知州长庚亲诣查勘倡捐，先给渡夫一年口食，后筹款置买五里坪竹枝旱地三处交首士李澍馨、徐德润经理，招庄定租，收渡田旱租为渡夫永远口食，置知州厉祥官出示勒碑，永革渡钱筏税等弊。民国时期乃至新中国成立初期，关内、外人畜往来及货物转运多赖此渡口。1963年，南渡江公路大桥建成，取代了数百年的南渡江渡口。

3.2尖坝渡口

尖坝渡口位于鹤峰县城东,连接溇水南岸的张家村与北岸的中村(俗称"大滩地"),因此又称"张家渡",中心地理坐标为北纬29°53′47″,东经110°02′46″,海拔约461米。清雍正十三年(1735),首任知州毛峻德主持设立该渡口。此渡口一直承担着鹤峰城关到五峰、宜都及湖南等地的转运重任。渡口有定员二人、渡船一只,渡夫之工食费由官府支付。后来又由绅民醵金置田,招佃租种,所得租谷称为"渡田租",作为每年修整船只及额外加给渡夫工食之费用。新中国成立初期,仍设渡口与船工,船工工资与渡具全由政府承担。溇水大桥建成后,该渡口被废弃。

尖坝渡口遗址

3.3 两河口渡口

两河口渡口原位于鹤峰县容美镇康岭村二组,后搬迁至城墙坳下(今华龙大桥附近),原位置中心地理坐标为北纬29°53′09″,东经110°01′13″,海拔约464米。此渡口是容美镇通往宣恩县、来凤县的必经渡口,以溇水河与官庄河汇合处的两河口命名。

清雍正十三年(1735),首任知州毛峻德主持设立该渡口。渡口有定员二人、渡船一只,渡夫之工食费由官府支付。后来又由绅民醵金置田,招佃租种,渡田租用来修船,且由地方公捐助之。1958年10月,宜鹤公路通车,在上游鸡公洞修建了一座公路桥,此渡口被撤废。

两河口渡口遗址

3.4 王家坪渡口

王家坪渡口位于鹤峰县鸡公洞大桥上游左侧支流120米处,南岸为康岭村一组,北岸为龙井村六组,北岸地理坐标为北纬29°53′12″,东经110°00′45″,海拔约490米。此渡口是为方便王家坪、七泉等地群众与北岸来往而建,是七泉、麻旺等茶区茶叶运输进城必经之渡口。渡口非官办,由民众捐资设立,故渡夫养赡由民众出资给付。渡夫用木船摆渡,一次可载10余人。1959年,该渡口因鸡公洞公路桥建成而被废弃。

王家坪渡口遗址

3.5 九女墩渡口

九女墩渡口位于鹤峰县走马镇栗山村六组,属县境内溇水的中下游区段,是走马坪通往桑植和慈利的主要渡口,中心地理坐标为北纬29° 44′ 59″,东经110° 23′ 29″,海拔约408米。清乾隆四年(1739),首任知州毛峻德捐设渡船一只,并于渡口购买旱地山场,以支付渡夫工资及维修船只之费。渡口附近原立有普济渡石碑,石碑已被毁弃。据当地人回忆,碑文的内容主要有:官方购买旱地山场界址及粮银数目,按租钱收入,不得克扣渡夫工资,后因渡夫向来往客人索取过渡费,故规定承租土地者可开垦,提升租谷二十石,以此严禁渡夫向来往客人索取过渡费。1978年以后,因人力渡口已不能满足汽车通行的需要而改为机渡,可渡5吨汽车一辆,由于河水涨落无常,水流湍急,于浅水位或正常水位时才能以船渡车。1993年12月,江坪河公路大桥建成通车后,该渡口被彻底废弃。

九女墩渡口

3.6 老村渡口

老村渡口位于鹤峰县容美镇核桃湾村五组,属县境内溇水的中上游区段,距县城22千米,中心地理坐标为北纬29° 50′ 51″,东经110° 06′ 55″,海拔约603米。该渡口为清乾隆年间在修建县城至堰垭的人行道后设立,为官渡形式,故渡工工资及船只都由政府负责。该渡口是鹤峰至走马堰垭、湖南桑植的必经之地。1992年老村河吊桥建成后,该渡口被废弃。2014年,在吊桥上游修建了老村河特大桥。2021年,因江坪河水电站蓄水发电,老村渡口被淹没。

老村渡口遗址

附：渡口调查表

渡口名称	所在河流	连接主要道路	建渡时间	两建形式及现状
尖坝渡口	溇水	容美镇〈走马 五峰	雍正十三年（1735）	官办，溇水大桥建成后即撤销
两河口渡口	官庄河	容美镇〈宣恩 来凤	雍正十三年（1735）	官办，已撤，现被桥取代
九女墩渡口	溇水	走马—堰垭	乾隆四年（1739）	官办，现为机渡
南渡江渡口	南渡江	容美镇—五里、走马	雍正十三年（1735）	官办，已撤，现被南渡江大桥取代
新庄渡口	溇水	新庄附近	1963 年	大队公益金租建，今仍利用
水寨渡口	溇水	城关南北两岸	乾隆年间	民国前民办，民国时期官办，现被溇水大桥取代
王家坪渡口	官庄河	容美镇〈七泉 太平	乾隆年间	民办，已撤，现被鸡公洞桥取代
徐家庄渡口	董家坪河	石窑—五峰	乾隆年间	民办，现撤，另建桥梁
唐家渡口	溇水	江口—桑植	乾隆年间	官办，现存，被利用
五里潭渡口	溇水	五里坪—潼泉	乾隆年间	民办，现撤，现被狗子洞渡口取代
田家渡口	溇水	五里坪—梅坪	民国时期	民办，今撤，现被狗子洞渡口取代
狗子洞渡口	溇水	五里坪—潼泉	民国时期	官民合办，今存

（续表）

渡口名称	所在河流	连接主要道路	建渡时间	两建形式及现状
让口渡口	溇水	走马—潼泉	民国时期	民办，今撤，被狗子洞渡口取代
老村渡口	溇水	城关—堰垭	乾隆年间	民办，今存
白日堰渡口	溇水	走马—堰垭	乾隆七年（1742）	民办，今存
大叶坪渡口	溇水	江口—堰垭	乾隆七年（1742）	官民合办，已撤
铁炉坪渡口	大典河	孙家峪—江口	民国时期	民办，今撤，被桥取代
瓦窑坪渡口	大典河	瓦窑坪附近	民国时期	民办，今存
青猴城渡口	溇水	五里坪—潼泉	民国时期	官民合办，今存
和平渡口	溇水	官屋—坪溪	1981 年	今存

四、古 井

4.1 白鹤井

白鹤井位于鹤峰县容美镇龙井村二组村民的菜地中,中心地理坐标为北纬29°53′41″,东经110°01′52″,海拔约501米。此井曾是容美土司中府的主要取水处,也是改土归流后历代官府及周边百姓饮用水的主要水源。水井现已废弃,但水井北侧井壁上仍常年有流水渗入。当地群众为保护废弃后逐年遭破坏的古井,在水井周边砌砖墙并加盖,在水井南侧留一取水口。由于水井周边村民房屋鳞次栉比,井水污染严重,遂无人在此取水饮用。目前保留的水井宽2米,长1米,深1.5米。

《续修鹤峰州志》载:"容美贡茗,遍地生植,惟州署后数株所产最佳。署前有七井,相去半里许,汲一井而诸井皆动,其水清洌甘美异常。……味极清腴,取泉水烹服,驱火除瘴,清心散气,去胀去烦,并解一切杂症。"今鹤峰民间仍流传着用白鹤井的水冲泡容美茶,杯中似有一只只白鹤张翅腾飞,故有"白鹤井的水,留驾司的茶"的传说。

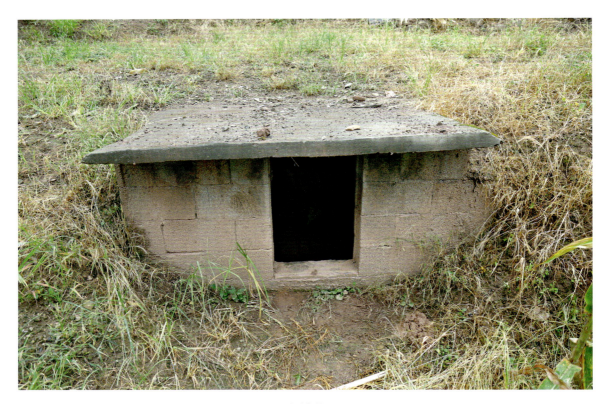

白鹤井

白鹤井出水口

4.2 水泉水井

水泉水井位于鹤峰县五里乡水泉村二组,这里是县城经南村通往湖南古茶道的重要节点,因该井所在地小地名叫水槽垭,故又称"水槽垭双水井",中心地理坐标为北纬29° 54′ 31″,东经110° 14′ 32″,海拔约888米。两口水井原相距不到1米,靠近水源之井水主要供周边村民饮用,井水溢满后流入另一口井供洗衣服或路过骡马饮用。水井呈正方形,口大底小,井口1.5×1.5米,井底1.3×1.3米。水井紧靠古道,是来往行人、骡马歇脚休息的必经之地。鹤峰县至湖南省石门县南镇的公路经过此水井,水槽垭的古道及其中一口井均被10余米高的公路路基覆盖,现仅存一口古井,在公路驳岸墙根留存。

水泉水井

4.3 田家湾水井

　　田家湾水井位于鹤峰县五里乡南村村三组,中心地理坐标为北纬29°32′30″,东经110°11′10″,海拔约917.16米。水井边用石块堆砌,井深0.3米,南北长2.3米,东西长1.7米。当地村民都说这口水井年代久远,一直以来都是村民吃水的水源。水井旁有条便于村民取水的小路,骡队途经此地一般会在井边歇息饮水,现在水井已经荒废,井旁小路也被杂草覆盖。

田家湾水井

4.4 朱家水井

朱家水井位于鹤峰县容美镇唐家铺村四组大转拐古茶道旁,被当地人称为"朱家洞",中心地理坐标为北纬29°55′34″,东经110°05′42″,海拔约809米。由于此水井的水清洌甘美,除水井边唐家铺驿站及周边乡邻在此取水饮用外,往来的骡客也经常用水葫芦在这里取水以备旅途饮用。水井距地面约14米,自地面下42级台阶到达井底,水井底部宽3米,长1.5米,水井底部石台阶长0.8米,越往井口台阶越宽,宽0.8~1.5米。

朱家水井

4.5岩塌水井

　　岩塌水井位于鹤峰县容美镇杨柳坪村三组村民刘四方老屋前,水井南侧为一段古茶道,中心地理坐标为北纬29°55′27″,东经110°08′13″,海拔约1108米。井口大致呈方形,边长2.4米,现被当地百姓用水泥加固,仍供人取水饮用。

岩塌水井

4.6龙洞水井

龙洞水井位于鹤峰县燕子镇燕子村一组,中心地理坐标为北纬29°58′02″,东经110°13′06″,海拔约1196米。水井修建年代不详,取水口在地面以下10米左右。井口一米见方,步道及取水区宽约2米,自井底向上为"之"字形石板阶梯,最底层石板台阶宽约1米,越向上石板越宽,最宽处石板达2米,从井底到地面共50步,井壁均为石板砌的堡坎。

龙洞水井

4.7 碑井

碑井位于鹤峰县城至燕子坪的杉树坪古茶道旁，即鹤峰县燕子镇新行村一组，中心地理坐标为北纬29°57′12″，东经110°11′26″，海拔约1074米。古井曾是一大一小的双水井，为喀斯特地貌形成的天然石盆水井，现仅存小井，长0.8米，宽0.6米，深0.6米。大井于2015年修建组级公路时因道路拓宽被压在水泥道路下。由于该井在古茶道边，曾有指路碑立在水井旁的石头上，提示来往行人及骡队可在此歇脚饮水，故此井被称为"碑井"。古碑在"文革"中被毁弃。

碑井

4.8 齐心湾水井

齐心湾水井位于鹤峰县走马镇周家峪村二组村民向金莲房屋南侧，紧靠鹤南公路西侧，中心地理坐标为北纬29° 52′ 56″，东经110° 30′ 08″，海拔约735米。井壁由青石板磨制而成，井口直径0.5米，井台边宽0.06米。水井口沿已残。

齐心湾水井

4.9 白果水井

白果水井位于鹤峰县走马镇白果村三组（老街）唐氏村民房屋旁，中心地理坐标为北纬29° 52′ 52″，东经110° 27′ 47″，海拔约829米。该水井呈半圆形，直径1.3米，水深1米。井口上方搭有一长条石，石长1.3米，厚0.1米。周边农户仍在使用此水井。

白果水井

五、古村落

5.1 南村村

鹤峰县五里乡南村村位于鹤峰县中部、五里乡的中西部,341省道贯村而过,现辖8个村民小组,全村面积18.23平方千米,总耕地面积1214亩,平均海拔约900米。

麻寮土司、容美土司均在这里设府。南府最早由麻寮土司于元至大三年(1310)兴建,后归属容美土司,成为容美土司之南府。容美土司南府是容美土司在麻寮土司南府基础上修建的外府,主要处理五里坪、六峰、湾潭、大面等地的事务,也是南下石门、宜沙、慈利等地的中间站,更是容美土司时期繁荣的商业重镇。

清代戏曲家顾彩游历容美时,曾在南府停留,由容美土司田舜年陪同。顾彩住在张桓侯庙,游九峰读书台、燕喜洞,吃土司特产新茶、葛粉、竹鼬、野猪腊、青鱼鲊、虎头脯等。

南村村全景

顾彩在《容美纪游》中记载："南府署极雄敞,倚山面溪,前有石街,民居栉比,尽石林山脚,皆阛阓也。""南府多桃花,与梅、杏、梨相间而发。花事甚盛,为他处所罕。"顾彩在此期间,留下了大量的诗词歌赋,如《题楼前桃》《九峰读书台》《石林山最高顶》《春日见子规鸟贴地学飞有感》《游燕喜洞》等。在顾彩笔下,南府风景优美,物产丰饶,民风淳朴,农民生活富足,人与自然和谐相处。其诗《峡内人家》云,"虎不伤人堪作友,猿能解语代呼童。远锄灵药他山外,近构茅亭野涧中。更喜不闻征税吏,薄田微雨即年丰",更是引起人们对古容美的向往。

鹤峰至湖南石门宜沙的古茶道穿村而过,途经该村一组、二组、三组、四组,是容美土司时期东出石门、枝江的主要官道,是重要的经济、贸易、文化交流线路,也是清末民初鹤峰宜红茶运输至湖北五峰、宜都、汉口以及湖南石门的重要路线之一。古茶道南村村至连三坡段是茶道线路要素最为丰富的一段,南村村境内的古茶道保存完好,大木坪仙人掌段、余家桥至连三坡段古茶道十分具有代表性。沿途有古茶园、水井、古桥、古庙、容美土司南府遗址等遗迹。

南村村有悠久的茶叶生产、加工、运输历史。长岭古茶园、钟湾古茶园、高家湾古茶园、段家湾古茶园、连三坡古茶园散布在南府遗址周边。清末民初,南村村大木坪设有规模较大、规格较高的红茶号,被当地人称为"封火桶子"。

南村村村落

2006年,容美土司遗址被国务院公布为第六批全国重点文物保护单位。容美土司南府遗址是容美土司遗址的重要组成部分,主要由行署区、张桓侯庙、燕喜洞等遗址构成,核心区为行署区,另有道路、桥梁、赑屃碑等地面遗存。

5.2 五里村

　　五里村隶属于鹤峰县五里乡，村落地势平坦，人口集中，是五里乡的政治、经济、文化中心。五里村与金钟村、紫荆村相邻，现辖2个村民小组，土地面积0.35平方千米，有林地1180亩、耕地395.7亩，平均海拔约1100米。2012年，住房城乡建设部、文化部、财政部三部门联合公布了第一批中国传统村落名录，五里乡五里村名列其中。2018年，五里村入选第一批湖北省历史文化名村，是恩施土家族苗族自治州唯一入选该名录的村庄。

　　五里村是一个移民村镇。由于山外自然灾害、瘟疫、战乱等，不少逃荒的人迁移到此地，有陈、李、万、向、费、胡、赵、张共八姓人先到此地，挽草为记，插树为标，在这里开发自然，繁衍生息。后来陆续迁来的人不断增多，如从江西迁来的蔡姓，从湖南常德临澧迁来的刘姓，从湖南所市迁来的覃姓，从秭归、巴东迁来的谭姓，从福建邵武和平迁来的黄姓，等等。因此，五里坪成为南渡江以南地区以移居、混居为主的经济文化中心。

　　元明时期，该地为靖安隘辖地，明代中叶被容美土司占领。清雍正十三年（1735）改土归流，清政府在五里坪设鹤峰州同署衙，五里坪为鹤峰州礼陶乡义则里。1912年，中华民国成立，五里乡为友助乡，乡政府设在五里村。1929年至1933年7月，为湘鄂边苏区鹤峰县第九区苏维埃政府。同时，中共湘鄂边特委机关

五里坪老街

和湘鄂边联县政府设在五里坪。1934年，红军战略转移后，国民党强化保甲制度，五里乡为第四区，区政府设在五里村。1941年，废联保设乡，五里为走马区五里乡，乡政府设在五里村。1949年11月25日，鹤峰县人民政府成立，行政区划依

五里村全景

旧。1950年1月，五里属关内区，归燕子区管辖，同时改"保"为"村"。1958年春完成人民公社建制，五里村属燕子公社五里大队。1961年恢复区建制，设五里区，区政府驻五里村。1965年，五里区辖下洞、三路、五里、杨柳、寻梅、潼泉六个公社，区公所、五里公社政府均设在五里村。1975年，撤区并社，五里村为五里公社五里管理区的一个大队，公社和管理区均驻五里村。1984年3月，恢复区乡行政区划，五里村属五里区五里镇管辖，区、镇政府均驻五里村。1997年，全县撤区建乡，五里乡政府亦设在五里村。

古往今来，五里村是鹤峰通往湖南石门、桑植的交通要道，尤其是改土归流前后，这里是容美茶叶东出石门、枝城，进出中原、赴京朝贡的重要节点。清光绪二年（1876），广东茶商首先选择州城和五里坪，建起"泰和合"等一批茶号。该村大多数村民虽居住在街道上，但兼有农田，从事亦农亦商的商贸经营活动，仅有部分村民从事纯农业生产活动。

五里村作为中国传统村落，保留有较多的历史文化遗迹，如保存完好的五里坪老街。五里坪老街是全国重点文物保护单位，拥有恩施土家族苗族自治州唯一一处以革命根据地为历史载体和民居建筑聚落形态为主体的群体性建筑，是鹤峰县红色旅游和民族旅游的宝贵资源。五里坪老街在清代是重要的茶叶营销街，设有"泰和合茶号""协同茶号""愈兴茶号""同福茶号""刘居和茶号"等大小茶庄近十家。

　　五里坪老街上彰显尊师重教风气的遗存也颇多。据史料记载,清乾隆二十年(1755),官方出资在五里坪龙珠寺附近(现五里苏区小学东侧)创建紫荆书院。院内设山长、学士,由品学兼优者充任先生,主持讲学、传道、办理"生员"相关事宜。书院办得红红火火,声名远播,乡间土人、远近士子皆慕名求学。昔日名流杨揆一、杨瑞卿等均求学于紫荆书院。清咸丰六年(1856),白莲教兵争关外,远近闻名的紫荆书院不幸毁于战乱之中,焚为焦土,这是五里坪老街第一次被烧毁。不久,通过集资捐款,于邻近的金钟村重建紫荆书院。清光绪二十八年(1902)前后,紫荆书院和随后兴建的凤翔书院合并为和声学堂,同时在民间开办义学。1912年,五里坪人王志礼、朱光伟又带头在民间集资领修学堂,并将和声学堂从金钟村迁至龙珠寺旁,恢复原名,仍叫紫荆书院。民国初期,兵荒马乱,战火纷飞,人心惶惶,但紫荆书院毅然排除时局纷扰,坚持育子兴教。

　　民国七年(1918)七月初四,天刚亮,一声清脆的枪声打破了清晨的寂静,五里街上顿时乱作一团,这是驻扎在五里坪的鄂西靖国军和五峰团防孙俊峰部开战了。人们纷纷拖儿带女、扶老携幼,拼命向衙门堡、新龙桥方向的山里逃去。孙俊峰率部从湾潭出发,经锁金山、水潭子、青山坪,一直向五里坪赶来。部队行进到瓦屋村时已过五更,稍事歇息,便向驻扎在五里坪街上的靖国军发起猛烈进攻。两军对垒,殊死拼杀,枪声如放鞭炮一样密集。遭偷袭的靖国军虽处劣势,却顽强抵抗。孙俊峰见久攻不下,便心生毒计,下令纵火烧街。初秋时节,天干物燥,满街木屋点火就着,刹那间,五里坪浓烟滚滚、火光冲天,人们呼儿喊女,悲声四起。靖国军兵败,撤出了五里坪。百姓的房子大都被烧了,没被烧掉的也是满目疮痍。这是五里坪老街第二次被烧毁。1929年至1930年,红军曾三次驻扎在五里坪老街,贺龙两次居住于此。1929年,鹤峰县九区农民协会在这里成立,1930年改称第九区苏维埃政府。1931年,中华苏维埃湘鄂边联县政府及中共湘鄂边特委机关等机构相继迁入五里坪。

5.3 三路口村

三路口村位于鹤峰县五里乡东南部,距集镇15千米,东与五里乡上六峰村交界,西与青山村交界,南与走马镇白果村交界,北与五峰县湾潭镇毗邻。全村共辖14个村民小组,土地面积32.14平方千米,平均海拔约1300米。

自容美镇出发至石门、枝江的古茶道穿村而过,以三路口为中心,分成三个方向,在接龙桥头向南至大隘关通湖南石门,向北出五峰、枝江,向西通五里坪、古容美(即今鹤峰县城),三路口之名即由此而来。

改土归流后,三路口成为鹤峰北至宜都、江汉,南至石门、桑植、慈利,西达容美、川黔古茶道的交汇点。外埠的日用百货、本地的土特产品等都源源不断地通过这里往返运送。

历史上的三路口原本是一条半边街,有不到五十户人家,却有几十家杂货铺、四家骡马店、十几家客栈,还有胡氏盐行、龚氏谷行、桥头猪行、街头小酒馆等店铺,真正是"家家有铺子,步步有客栈"。现三路口村有接龙桥、土司戍堡遗址,以及周鹤泰茶号部分柱础、排水沟、天井角石、拴马柱等遗存。

三路口村全景

5.4 白果村

　　白果村位于鹤峰县走马镇东南部,坐落在大隘关前,三面环山,背靠巍峨雄奇的祖师岩和七姊妹山,面向一望无际、连绵起伏的万亩茶园,中间有一块约5平方千米的小盆地,三条小河从坪中穿过,在庙湾口汇合,流入大典河。白果村辖5个村民小组,面积7.35平方千米,有耕地2700亩、茶园1977亩、林地7789亩。这里蜜源植物种类繁多,花期交错,四季衔接,月月有花,养蜂采蜜历史悠久,盛产天然富硒的"千花蜜"。

白果村全景

　　白果坪因一株千年古银杏而得名,旁有碑林,有碑数十块,在"文革"时期被毁。清康熙四十三年(1704)二月十八日,戏曲家顾彩来到这里,夜宿白果树下。他在《容美纪游》中写道:"暮抵白果树,荒坡无店宿,惟古银杏树一株,大百围,腹空可容十许人,行旅就宿其中。"

白果村是省级生态文化保护村，历史文化底蕴深厚，乡土文化丰富多彩，有狮子灯、花鼓灯、围鼓等传统节目，其中围鼓已被列入《国家级非物质文化遗产名录》，花鼓灯已被列入《湖北省省级非物质文化遗产名录》。白果村还获得"湖北省宜居村庄""中国传统村落"等称号。

清雍正十三年（1735）改土归流，鹤峰知州毛峻德为保辖境安宁，以白果树为基准，在此修建了巡检司和前司外委把总署，并捐俸帮助关外民众创办学校一所，始称"毛公义学"，民间称

白果坪古银杏树

"文武两衙门"，后改为"凤翔书院"。"毛公义学碑"于20世纪末迁至走马民族中学，后因学校扩建被埋。

历史上的白果坪村是鹤峰热闹的集镇之一。一条长约两千米的街道就在饭甑岩、将军岩下面的挂子溪与小岩口河之间的平地上。毛峻德动员迁来的人民顺着两署一校建街道、修民宅。乾隆初年，就有了今天白果集镇的雏形。

街道北端出口俗称"上街头"，南端出口俗称"下街头"，上下街头不远处分别有两座桥，上街头处是横跨挂子溪河的"兴隆桥"，下街头处的屋桥于新中国成立初期被拆毁。两座桥上皆有对联，上街头桥的对联为"屋非屋蔽风蔽雨蔽烈日，桥是桥连

路连心连感情";下街头桥的对联为"桥通东西南北,屋识春夏秋冬"。

街道两旁有布瓦木房,有的雕梁画栋,有的镂窗斗脊,多数房屋都修成了四合井式,两层回廊。普通人家的房子一般都是四扇三大间,再把三大间隔成六小间。临街面三间,中堂俗称"堂屋",两旁则是火塘、厨房或厢房,后面三间一般为卧房,除中堂、火堂、灶屋外,其他房间的地面大都铺有一层木板。民户在临街一面均开有门面柜台。上街有裁缝铺、染铺等,街中段有油盐铺、收购部、歇铺(旅店)、客栈(饭馆)、骡马店、剃头店、米面铺等,下街则有药铺、铁匠铺、猪行(交易猪仔的场所)等。

白果坪曾被誉为"小南京"。抗战时期,沙宜沦陷,长江交通阻塞,这里即成为川北鄂西北商务交通要道。川盐改走北大道,盐客们从云阳、万县起旱运盐。一条线路是从利川经恩施的石灰窑,过邬阳龚家垭,再穿木林子上清湖,经三路口,到白果坪。另一条线路则是从建始的官店口,下到鹤峰的邬阳关,过鹿耳庄、三路口,至白果坪。不论是人力运输还是骡马运输,都要到白果坪落脚销售,换回布匹等。布匹则从湖南津市、慈利运来。那一时期,白果坪赶乡场的场期从一、四、七变成了百日场。

1940年,从外地沦陷区逃亡出来的一批难民纷纷到白果、走马一带谋生。据史料记载,1943年前后,白果坪街上的居民由110多户迅速增加到400多户。街上的居民有的开客栈、酒馆,有的经营粮行、盐行,有的从事手工卷烟或织布织袜,还有的经营铁匠铺、成衣店、染坊等。

近年,随着新农村建设速度的加快以及人民生活水平日益提高,小街传统老木房多数已经改建为两至三层砖房,仅保留了几口古水井、上下街头古桥,而骡马店及客栈仅有遗址留存。

5.5 所坪

所坪原为鹤峰县走马镇下属的一个公社,称"所坪公社",后改称"所坪管理区",公社、管理区现均撤销,已经改名为周家峪村,历史上的所坪包括今周家峪村和刚家湾村两个村。

周家峪村位于走马镇的东北部、湘鄂两省交界处,341省道穿村而过,辖8个村民小组,面积7.97平方千米,有耕地2622.2亩、茶园1500亩、林地3000亩。刚家湾村与周家峪村相连,辖5个村民小组,面积6平方千米,有耕地1738亩、林地9000亩。周家峪村、刚家湾村均是走马镇茶叶的主产区。

周家峪村境内除了有所坪老街、麻寮千户所署遗址,还保留有古茶道、古驿站、古碑刻等诸多遗存。刚家湾村有闻名的红军鼓锣山三十二烈士纪念碑、红军后方医院等多处革命遗址。

所坪前身称"车儿坪"。明洪武二年(1369),刚刚被尊为荣阳寨主的唐涌"纳土归附,敕赐铁券",归顺明朝,设卫所。土司演变为九溪卫属下千户所,主要任务是"外捍慈(利)、石(门)、九(溪卫)、永(定卫),内控容美、桑植十八土司"。唐涌之后选

所坪全景

址车儿坪,设卫所衙署。而车儿坪因为卫所的建立,更名为"所坪",这个名称使用了600多年。

虽然有麻寮部落早在汉唐时已经形成一说,但是历史文献资料普遍显示,麻寮土司与容美土司几乎同时出现。《明史·地理志五》载:"吴元年(1364)正月,改黄沙、靖安、麻寮等处军民宣抚司。"元至正二十六年(1366),又成为鄂西南十寨长官司之一。更早的记载见于元至大三年(1310)"容美洞官田墨纠合蛮酋攻劫麻寮等寨"的记述,麻寮土司的建立至少可追溯到元代。据相关文献记载,今鹤峰县五里乡南村村就是最早的麻寮治所,在被墨施什用攻占之后才成为容美土司的南府。

麻寮土司共经历了三次迁徙:第一次是从南村村迁到五里坪唐家村。第二次是迁到今三路口东北的麻王寨,具体时间无考,但应在洪武二年至洪武四年(1369—1371)间,在花桥荣阳寨建立之前。这次迁徙基本确定了与容美以大隘关为疆界的分水岭。麻寮千户的范围基本稳定在所隘、山羊隘、九女隘、樱桃隘、曲溪隘及南道、梅子、青山、靖安等之内。第三次是迁到花桥、所坪一带。

麻寮土司早在明代即归流实行卫所管理,由唐姓家族世袭,所坪古今皆以唐姓居民为多,麻寮所因与容美土司接壤而承担为朝廷"内控容美"的重任,此事早已为容美土司所知晓。容美土司与麻寮所世代联姻、购山买地,千方百计要打通与汉区的茶叶贸易之路。因此,所坪成为麻寮所署之地,也成为进入容美土司前最繁华的集镇。

在明代末年李自成攻陷澧州,麻寮千户唐国祯率麻寮兵驰援,保护明华阳王朱敬一时,李自成部将袁宗第、塔天保乘虚而入,奔袭麻寮所驻地,放火烧毁所署,赶杀留守官兵,致麻寮元气大伤。麻寮遂投清,并将所署迁往湖南慈利通津铺。

所坪除了有土地革命时期牺牲在鼓锣山的湘鄂边独立团三十二烈士,还有出生于九岭头的女烈士王冬娥及湘鄂边联防司令部青年大队长谢成禹、张纯成等英烈,还有抗日英雄于中、抗美援朝特级战斗英雄满维平等。这里还有一大批各类非物质文化遗产传承人,如柳子戏艺人张正新、黄万松、熊小华。大茶商张佐臣瞄准所坪地处古茶道的商机,在此地购买大批土地,安排自己的一个儿子在此地管理,张佐臣的孙子张正新却成为所坪柳子戏的掌门人。

5.6 三家台蒙古族村

三家台蒙古族村位于鹤峰县中营镇东北部,距鹤峰县城43千米,距中营镇政府29千米,村域面积18.8平方千米,森林覆盖率87%,平均海拔约1100米。该村辖7个村民小组,共计288户858人。村民以蒙古族人居多,还有部分土家族人和苗族人。其中,蒙古族668人,土家族、苗族190人。全村有61个姓氏,望族为部姓,有236人。

三家台蒙古族村是湖北省唯一一个蒙古族人民聚居的村落。据考证,三家台蒙古族是草原上蒙古族遗落在南方大山中的成吉思汗"黄金家族"后裔的一支。元末明初,朱元璋的农民军四处追杀元军,其祖先最开始逃到湖北松滋,后来辗转来到湖南澧县盐井镇,清初迁到清水氽(现鹤峰县燕子镇清湖村),最后来到三家台一带躲藏并定居至今。部氏族谱派序如下(乾隆四十四年谱书宗派开列):

生为上国光,承先绍典章。多文儒以富,佩玉德其昌。

宏推开祖,祚启元世。诗书传家,孝友善继。

本宗蒙古,裕后相际。大清定统,咸高品第。

太常铭功,恩泽广济。声施克沛,衣冠永迪。

代有达人,昭在兹惠。秀采升庭,允推巨制。

因改土归流以后,鹤峰州地广人稀,清政府便号召外地人来此开垦耕种,蒙古族的一支便落籍于此,繁衍生息,并逐步发展成为一个近千人的大家族。改革开放后,我们党进一步落实民族政策,扶持少数民族地区的发展与建设。鹤峰县人民政府根据三家台蒙古族的实际情况,逐级申报成立三家台蒙古族村。在各级相关部门的支持下,三家台蒙古族村于2002年12月正式成立。2012年,该村被列入第一批中国传统村落名录。

三家台蒙古族村经历了较为复杂的历史演变。清雍正十年(1732),该村落属容美土司管辖。雍正十三年(1735)改土归流后,属乐淑乡(北乡)纯化里管辖。

1912年，属美利乡（驻地中营坪）管辖。1929年，苏维埃政府成立，属八区（驻地中营坪）中营乡管辖。1934年，强化保甲制度，属二区（驻地下坪）管辖。1941年，废联保设乡，为梁家台保，属下坪区中营乡管辖。1949年11月，鹤峰县人民政府成立之初，行政区划依

三家台蒙古族村

旧。1950年，改保为村，属三区（驻地下坪）管辖。1953年，属七区（驻地中营坪）管辖。1956年，为团结农业社，属中营区管辖。1958年，人民公社化，改为团结大队，属中营公社管辖。1960年，恢复区建制，属中营区中营公社管辖。1975年，撤区并社，属中营公社中营管理区管辖。1980年进行地名普查时，更名为三家台大队。1984年，撤社建区，更名为三家台村，属中营区中营镇管辖。1997年，撤区建乡，属中营乡中营管理区管辖。2001年3月，撤销中营乡，属北佳乡管辖。2001年4月，北佳乡更名为中营乡。2001年6月，撤销管理区，保留中营管理区，属中营乡中营管理区管辖。2002年12月，更名为三家台蒙古族村。2013年，撤乡建镇，属中营镇管辖至今。

由于三家台村的蒙古族人民和汉族、土家族人民杂居一地，而且共同生活的时间长，因此部氏家族的生产、生活习惯等逐渐与当地汉族、土家族人民一致，蒙古族原有的游牧特性基本消失。其主要经济来源是茶叶。村中现有茶叶加工厂三家，有著名的古茶园——神仙茶园。神仙茶园多见载于国内茶叶历史类书籍，是万里茶道鹤峰段茶源地十分重要的一处古茶园。

三家台村保留有大量的文化遗存，具有较高的历史价值，如具有传统风貌特征的井泉沟壑、堤坝涵洞、石阶铺地、碑幢刻石、古树名木以及传统产业遗存等，还有历史上用于生产、消防、防盗、防御等特殊设施的历史印记。村中还有大关门石窟玉皇庙遗址、部氏祠堂遗址。玉皇庙摩崖石刻上的对联写着："神坐石头殿，永保黎民安。"村中部氏祠堂遗址在大路坪村的村委会旁，房屋已毁，遗址现存抱鼓石、柱础等。

5.7 麻旺村

麻旺村位于鹤峰县容美镇北面,北与中营镇北佳村交界,西与太平镇堰塘坪村交界,相邻的地区大都有悠久的茶叶生产历史。全村现有8个村民小组,所辖土地总面积23669亩,有耕地957亩、园地1259亩、林地19696亩,有茶园近1000亩。麻旺村海拔500~1000米,土壤多为青砂土、黄壤土。二高山地区雨量、热量、土壤均适宜茶叶生长。

麻旺村、大溪村及相邻的太平镇堰塘坪村、三岔村、坛子洞村,以及中营镇北佳坪等地均属于溇水河源头河谷山地茶区。茶叶的种植方式有丛植、条植、密植三种。丛植为古老的茶叶种植方式,条植为20世纪70年代发展的种植方式,密植为20世纪80年代发展的种植方式。10度以下的坡地发展密植茶园,10~25度的坡地发展条植茶园或改造丛植茶园,实行更新复壮。这三种种植方式在麻旺村及周边村依然清晰存在。

麻旺村全景

麻旺村四组后湾阳坡遗存有古茶道200米,古茶道为行人石台阶,路线为阳坡—杨家垭—罗家坪—大溪村—七眼泉—县城。麻旺村的茶叶通过这条古茶道出大山销往鹤峰县城。

麻旺村碑坡至庙垭段保留有多段古茶道。该道路可通往中营茅坪等茶区。庙垭立有两通改土归流后的清代碑刻,其中一通功德碑记述了泰和合茶号捐资修建卡坊茶道的事情。该路段的碑坡有一功德碑保存完好,碑上记有为修茶道捐资的百余人姓名及捐资数目,周边还发现了古道及古茶树。

六、古驿站（含客栈、骡马店）

6.1 洞口驿站

洞口驿站位于鹤峰县五里乡南村村二组，中心地理坐标为北纬29°54′10″，东经110°17′36″，海拔约862米。房屋坐北朝南，为一正两横两层木质吊脚楼，占地210平方米。

清嘉庆十一年（1806），土司时期修建的二房沟（后讹称"二黄沟"）石板桥垮塌，运送茶叶的骡队只能随河沟或河岸绕行，在洞口附近的游氏人家临时住宿。后来，胡成斋与五里坪几家茶号集资在此地建房，并于清光绪三十四年（1908）创办驿站。因为该驿站紧靠燕喜洞，冬暖夏凉，过往客人多选择在此歇脚，所以驿站成为生意兴隆的老栈房之一。土地革命时期，该驿站连同周边民房被烧毁，当时在此住宿的客人惊恐逃离。虽然后来重新再建，并扩大了规模，但人们依然心有余悸，驿站生意渐差，加之二房桥维修竣工，驿站逐渐被废弃。新中国成立后，驿站主人胡成斋作为茶叶技术员被安排到五里坪茶叶收购站工作。2022年，鹤峰县文化遗产局对洞口驿站进行了抢救性维修。

洞口驿站

6.2 高家湾客栈

高家湾客栈位于鹤峰县五里乡南村村二组,中心地理坐标为北纬29° 32′ 31″,东经110° 10′ 26″,海拔约938米。原客栈为一正一横悬山顶穿斗结构板装瓦房,横屋两间,正屋两间,坐北朝南,面积200平方米。出生于1909年的高先泽在继承父辈开设的榨油坊的同时,发现由于张家垭至南村段10余千米没有任何驿站,南来北往的运茶力夫及骡队往往天黑了仍在沿途寻找客栈,便于1924年办起了客栈,为往来石门、渔洋关、走马方向运送茶叶、日用百货的骡队及脚夫提供吃住。客栈内设四小间客房,每间设可供三四人住的通铺。客人多的时候,就在楼上临时搭床或在楼板上设地铺。

高家湾客栈遗址

当地老人龚腊秀(1934年生,高家媳妇)回忆,这里最初是开油榨作坊的,油榨作坊生意冷清的时期正是南村茶叶经济发展的繁荣期,于是当家人高先泽决定把油榨作坊改为客栈,因当地人已熟知高家油榨作坊,故习惯性称客栈为"高家油榨客栈"。

6.3 袁家客栈

　　袁家客栈位于鹤峰县五里乡南村村三组,中心地理坐标为北纬29°32′33″,东经110°10′45″,海拔约939米。原房屋坐北朝南,四柱三棋,面阔4.5米,进深4.16米。客栈是当地村民袁天生(又名袁时珍、袁则堂)和其妻子两人经营的,另外聘请了一位亲戚做帮工和服务员,店内有阁楼,有两间住房和一间灶房,直接在房间地上开设通铺,为来往客商提供吃住和补给。原客栈在现在屋檐一米以外,路两边有一面石墙,高1.4米,宽1.2米。新中国成立后,房屋分给了李学文。李家拆后又修建新屋,拆墙时还捡到过银元。

袁家客栈遗址

　　当地有句流传的老话:"南村的袁则堂,张家村的刘三棒,九峰桥的许阎王,接管处的郑馆匠。"这些人都是当地很有名望的人。袁家当时在南村的生意做得很红火。当地村民向才之(87岁,南村村三组村民)回忆,1949年,袁天生已经80多岁,因为没有儿子,在外面接了一个侄子做儿子,村里人传言袁天生很有钱,有五根金条,且在放高利贷,袁天生因害怕被抓去坐牢而自缢。

6.4 田家客栈

田家客栈位于鹤峰县五里乡南村村三组，中心地理坐标为北纬29°54′10″，东经110°17′56″，海拔约885米。原房屋坐北朝南，五柱四棋，遗址长28.5米，宽9.9米。房屋原为地主张品聪和胡冬姐所有，新中国成立后，分给了田正清和游腊姐。田正清以自己的房屋参股，在这里和王凡柏、李进、万祖顺等人合办了客栈和合作社。客栈既可为过往挑力赶脚的人提供住宿，又可为来往行人提供饮食，楼上、楼下各有两间客房，开设通铺，最多可供三四十人居住。房子西侧搭建有偏房，主要用来做饭。供销合作社还曾在偏房里酿酒出售。

田家客栈遗址

这处客栈是容美到五里坪的必经之处，每天南来北往的客人多达四五十人，非常热闹。1968年左右，合作社被迁移至四千米之外的卯子山，客栈也随之关闭。遗址上的现存房屋为田正清后代新建的房屋。

6.5 五里坪驿站

五里坪驿站是在鹤峰县五里乡五里村老街上开设过的驿站的总称。五里坪是从鹤峰县城南下石门、东出枝江的必经之地,过往行人、商人、骡客都在此歇息。改土归流后不久,这里成为鹤峰州茶叶流通的聚集地,尤其是自清光绪二年(1876)广东茶商林紫宸在五里坪开办茶号后,运茶的骡队及各路茶商云集五里坪,形成了一定规模的集市,客栈生意相当红火。当地百姓一直流传着"我们的稻草都是值钱的"的口头禅。据调查,这里曾开设过四五家规模较大的客栈、驿站(含骡马店)。

清末民初,刘保初在五里坪老街修建了房屋,后因其子刘映龙痴迷赌博,被迫卖掉一半。民国时期,杨柳坪的王大义买入刘保初的房屋后便开始经营客栈生意。客栈为二层木质楼房,一楼住客人,二楼放粮食,屋后设有骡马圈,圈内设木槽喂养骡马,经常有20多匹骡马在圈内休息。房屋临街长约20米,进深约10米。新中国成立后,王大义的客栈收归公有,由供销社经营,被称为五里客栈。

另一处五里客栈的前身是刘巧月客栈,位于五里坪老街,中心地理坐标为北纬

五里坪驿站

29°53′41″，东经110°20′34″，海拔约1081米。五里客栈早期为刘巧月夫妇共同经营，为两层木板房，是一个小四合院，堂屋中间有小天井，客人多为运茶贩茶的挑夫商贩、往来旅客以及当地百姓。客栈原来靠堂屋的一侧有四个大灶一字排开，专门用来给客人炒菜、蒸饭。靠右边的一侧也有一口大锅，是专门用来蒸粑粑的；旁边摆放有一张很长的条桌，用来放蒸笼。那时候，从早晨五点半开始，直到晚上十一二点，灶不熄火，长年累月，天天如此。1955年公私合营时，刘巧月与丈夫蔡友新带头将私家客栈与其他两家合在一起。合并后的客栈成为五里供销社的下属客栈，由刘巧月出任经理。1957年，刘巧月被评为县级劳动模范，五里客栈也成为恩施土家族苗族自治州服务行业的一面红旗。

1976年之前，从鹤峰到走马的简易公路还没修通，从鹤峰到走马、铁炉、堰垭、湖南石门，只有一条骡马路，必须经过五里坪。土特产要运出去，工业品要运进来，主要靠人挑、骡马驮。从鹤峰到五里，青壮年空手赶路都是"两头黑"（从天不亮到天黑），从五里到走马，空手赶路也要4个多小时，更别说挑着担子走路，所以五里客栈就成了来往旅客的一个重要"中转站"。从1956年到1976年的20年间，客栈每天少说要接待七八十人住宿，多的时候接待过一百多人住宿，加上来客栈吃一顿饭、休息一会儿后又继续赶路的"过路客"和到集镇赶场后来客栈吃饭、住宿的人，一天下来，客栈要接待二三百人。客栈还开有骡马店，平均每天有三四十匹骡马到店里歇脚。天井的左边原来是一间大木板房（现在是一栋两层砖混结构的楼房），可供26人住宿，堂屋左边一间可供19人住宿，一楼共计可供45人住宿。楼上7个房间全部供住宿用，21个铺位可以住42人。两层房屋一共可为87人提供住宿，人多的时候还可开通铺。二楼有一个很小的房间，放有两张床，中间只剩下一条很窄的过道。这是客栈最好的一间房，是专门为贵客准备的，客人要进到房间里，还要穿过外面开的通铺。新中国成立后，多位县委书记、县长等在这间房里住过。一个铺位每晚的住宿费分别是5分钱、1角钱，一个荤菜1角钱，一个素菜5分钱。现在的堂屋当年就是一个大餐厅。县委书记、县长等来到客栈以后，都是先交钱再吃住，吃得很简单，买上一两个菜，在餐厅与南来北往的旅客同桌，边吃边聊。

6.6 倒洞子骡马店

倒洞子骡马店位于鹤峰县五里乡三路口村十一组（原金沟村，小地名叫倒洞子，又叫东流水），现为村民邓仲春的房屋，中心地理坐标为北纬29°57′09″，东经110°25′17″，海拔约1174米。骡马店原为一正两横悬山顶穿架梁柱板装瓦房，面积约216平方米。房屋坐西朝东，正屋五间，五柱四棋，中柱高5.5米，前檐柱高3.85米，后檐柱高2.7米。横屋各两间，四柱三棋。21世纪初，房主已将南侧的正屋三间及横屋拆毁，现尚存北侧横屋两间，房屋内保存有木质钱柜、方桌等开设骡马店时使用过的物品。

倒洞子骡马店是邓仲春的爷爷邓胜于清末至民国时期开设的，是鹤峰古茶道"箱子溪—五峰鹿耳庄—九个湾—水潭子—金沟—倒洞子—舒家河沟—三路口"段目前保存较好的骡马店。吊脚楼下的圈栏可安置十多匹骡马。后来，邓仲春的父亲邓兆林子承父业，继续开骡马店，同时经营铁匠铺。

倒洞子骡马店

6.7孟悦来客栈

孟悦来客栈位于鹤峰县走马镇所坪老街,现属周家峪村,中心地理坐标为北纬29°52′48″,东经110°30′15″,海拔约760米。客栈原为孟悦来经营,为两层吊脚楼建筑,共七扇十间房,进深约8米。新中国成立后,一次洪水冲垮了侧面的吊脚楼,加上后期又拆除了四扇房屋,现仅剩三扇五间大横屋,客栈现存有"孟悦来客栈"招牌一块。

第二次国内革命战争时期,贺龙来到所坪,并在所坪驻军。1931年,苏维埃政府就设在孟悦来客栈。孟悦来因被划为土豪绅士,被赶出客栈。1933年后,孟悦来搬回客栈继续经营。新中国成立后,孟悦来客栈便成为当地最大的客栈,也是走马坪、白果坪、所坪、南北镇一线为数不多的客栈之一,因此客栈的生意十分红火。

所坪有多处传统古茶园。新中国成立后,古茶园均被改造为现代茶园。孟悦来客栈在经营客栈生意的同时,也收购红茶,开展茶叶贸易。

孟悦来客栈

孟悦来客栈招牌

6.8 石龙街驿站

石龙街驿站位于鹤峰县燕子镇石龙村二组,中心地理坐标为北纬29° 56′ 13″,东经110° 08′ 30″,海拔约949米。驿站房屋坐北朝南,为四合天井木质结构建筑,房屋现仅存过堂和大门,院落及后堂已毁,前院两侧房屋是在整体迁移后堂房屋的基础上改建而成的,整体改建严重。后堂房屋基址现为一片草地,前院长满杂草。现存房屋长23.7米,宽18.65米,面积约442平方米。

驿站东侧有一民居建筑,与驿站之间有一廊道,即两个房屋之间的走道,廊道两侧铺满石头,用块石包边,中间长满杂草,廊道宽1.35米。据当地村民介绍,新中国成立初期,该房屋为供销社商铺,驿站原为客栈与骡马店混合在一起,中间廊道为运输茶叶的骡马道。驿站西侧原有一房屋,现不存,仅见房屋基址,两房屋之间有一条宽1米的廊道。

石龙街驿站

驿站前堂与后堂之间有一天井,距过堂约1米,西北—东南向。天井长4.18米,宽2.43米,深0.33米;天井底部用24块大小不等、凿刻过的方形石板错缝平铺而成,石板长0.6~1.3米,宽0.4米,石板表面平整;天井四壁用两层规整的长方形条石错缝平铺而成,上层条石压边,条石长0.58~0.9米,宽0.4米,上层条石厚0.08米,下层条石厚0.25米。

石龙街驿站天井

6.9 红茅尖驿站

红茅尖驿站位于鹤峰县燕子镇桃山村六组,中心地理坐标为北纬29°57′26″,东经110°16′46″,海拔约969米。驿站初建于清末民初,为一正一横两层木质吊脚楼,面积约500平方米。后因搬迁,房屋无人居住,驿站于20世纪50年代自然老化坍塌。20世纪70年代,村民聂银生在原址附近的八大拐填土新建一正一横木质吊脚楼一栋,面积约400平方米。新建的驿站中心地理坐标为北纬29°57′34″,

东经110°16′36″,海拔约982米。

在改土归流前的容美土司时期,红茅尖以及附近的手爬岩、三陡坪、八大拐、桃子口、百顺桥等地是容美土司通往汉区道路中最为险峻的路段。清代戏曲家顾彩曾云,"所踏尽危石,我行无乃劳"。清康熙三十一年(1692)寒冬,田舜年为给三子曜如营建五峰衙署,派心腹大将田克敦重点维修了红茅尖等险要路段,保障了容美土司东出枝江与汉区的经济文化交流。

改土归流后,清乾隆六年(1741)于鹤峰州成立驿运机构——铺递。红茅尖路段属百顺桥铺递管理,百顺桥铺递设铺兵两名。铺递除了传递文书、飞报军情等,还间或从事管理商户、雇请脚夫或骡队承运等相关事务。

清光绪年间,广东商人林紫宸、卢次伦等为改善鹤峰茶叶外运五峰渔洋关及湖南石门泥市的道路,出资维修"鹤峰—红茅尖—百顺桥—五峰—渔洋关"以及"鹤峰—南村村—三路口—湖南石门泥市"多条青石铺就的骡马路。

清末民初,由于茶叶运输量逐年增加,红茅尖驿站及骡马店生意兴隆。土地革命时期,这里是一处重要的战场,道路台阶部分被破坏。

新中国成立后,政府多次维修骡马路。20世纪60年代,因附近树木被砍伐,数万方木材从三陡坪经红茅尖绝壁沙坡被拖至溇水河,古道上的大批青石板遭到破坏。由于红茅尖位置险要,桃山村、三溪村、百顺村的茶园又相对集中,面积较大,知名度高,1958年,桃山公社选址建于距红茅尖百余米的台地上。

当地村民杨思宇听他婆婆说,红茅尖是一个风水宝地,古往今来,这里许多穷得叮当响的人变得大富大贵之后,始终不忘红茅尖。有一个叫蒋光业的红茅尖人,曾参与维修这段古茶道。蒋光业的老家就在红茅尖附近的蒋家坪,蒋家坪有三棵特大的杉树。后来蒋光业搬迁到四川安府居住,办起了远近闻名的大栈房(客栈)。往来络绎不绝的路人中,只要有人讲起红茅尖、八大拐、蒋家坪三棵杉树,蒋光业就会免费招待,并为他们提供路途所需的衣食盘缠。

清末民初修建的红茅尖驿站遗址

20世纪70年代修建的红茅尖驿站旧址

6.10 三斗坪驿站

三斗坪驿站位于鹤峰县燕子镇桃山村八组村民刘祝武房屋南侧,中心地理坐标为北纬29° 57′ 59″,东经110° 15′ 42″,海拔约1245米。驿站房屋于二十世纪八九十年代被拆毁,原驿站基址现已被村民辟为菜地。驿站坐西朝东,房屋后面为大山,前面为现代乡村公路。驿站建筑为吊脚楼形制,房屋基址整体长24米,宽8米,面积192平方米。房屋左侧可见原吊脚楼房屋基址,现存基址长7米,通高1.9米。

6.11 新行骡马店

新行骡马店位于鹤峰县燕子镇新行村八组,是鹤峰至宜都沿途数十处骡马店中鹤峰境内规模最大的一处骡马店,中心地理坐标为北纬29° 57′ 32″,东经110° 12′ 55″,海拔约1142米。原房屋沿古茶道南侧坐南朝北一字排开,五柱四棋,有六块木扇,共五大间,可为骡客及往来旅客提供餐饮或住宿服务。驿站旁还有一大间关骡马的牲畜栏,一次可供几十匹骡马休息。

骡马店老板的儿子、90岁老人向启桃称:"骡马店是在太爷爷向德敏时期开办的,鼎盛时期当数爷爷向光甲和父亲向明镶时期。"当年鹤峰运往五峰渔洋关、宜都的茶叶,主要依靠人力肩挑背驮和骡马驮运。从鹤峰县城出发的骡马队往往在唐家铺或石龙洞驻扎,第二站大都在新行骡马店住宿。骡马店每次能接待住店骡客三四十人,骡马二十余匹。清末民初,新行骡马店开始经营小百货,主要以自己加工的饼子糕点为主,引来新行、燕子等周边百姓前来购买。后来,店主向明镶又开了染布行。这里集客栈、骡马店、百货、染布为一体,规模空前,成为燕子坪一处热闹的小集市。新中国成立初期,骡马店由当地供销合作社经营管理。原骡马店老板向明镶的小儿子向启平也参加骡运队,主要运输茶叶到五峰渔洋关或宜都,在返程时运回日用百货。

新行骡马店遗址

20世纪60年代,燕子坪通了公路,人力及骡马运输逐渐被汽车运输取代,新行骡马店废弃,现已由向氏后代翻修成楼房。新楼房被改为坐北朝南方向。

6.12 朝阳坪客栈

朝阳坪客栈位于鹤峰县燕子镇朝阳村二组,中心地理坐标为北纬30°01′27″,东经110°12′45″,海拔约1470米。客栈兼营骡马店,原为覃姓富贵人家所有,清末民初,由覃家兄弟覃子和、覃次和及覃子和的儿子覃文君经营。

朝阳坪是留驾司至渔洋关、石门县的必经之地,是古茶道2号线路上的节点,路线为留驾司—上村—老荒口—朝阳坪—施州河—清湖。留驾司至朝阳坪一栈三十里,朝阳坪至清湖一栈三十里。

朝阳坪客栈

　　朝阳坪客栈一正二横，建筑规模较大，正屋为五大间，横屋分别为三间，左侧横屋有吊脚楼，客栈还立有槽门，因此也被当地人称为"覃家槽门"。新中国成立初期，覃家迁出祖屋。朝阳坪客栈接纳南来北往的各地客人，影响甚广。20世纪90年代，当覃文君的儿子覃章胜到湖南省桑植县做蔬菜技术员时，湖南的老年人还向他问起朝阳坪客栈。客栈现存正屋五间，长27米，宽9.5米，由贺家88岁的何申姐居住，还有石墙三堵，现被农户用作羊圈。建筑左右为民居，后面为坡地，房前平坝为大片农田。

6.13 箱子溪客栈

箱子溪客栈位于鹤峰县燕子镇清湖村三组两条小河交汇的箱子溪旁边,中心地理坐标为北纬30° 00′ 48″,东经110° 17′ 06″,海拔约1329米。客栈原为一正一横房屋,共8间,正屋长26.7米,进深10米。

箱子溪客栈遗址

箱子溪客栈是清末民初当地村民柳庆元的太爷爷邓喜清开设的,客栈、骡马店在一起,客栈的两栋房屋相对而建,中间为过道,当地人称"上下屋"或"对河屋"。客栈的位置在现存箱子溪客栈向西约100米,20世纪40年代末,客栈失火被烧毁,遗址现已成为耕地。1953年,邓喜清的孙女邓友香移址到现址重建房屋,继续开客栈、骡马店。

　　箱子溪客栈位于鹤峰与五峰交界地段,鹤峰东出五峰、宜都以及湖南石门的多条古道均经过箱子溪,四川经建始官店、鹤峰中营长湾、邬阳龚家垭、五里三路口、走马南北镇至湖南的古道也必经此地。清代中晚期,鹤峰至五峰渔洋关的道路改走界牌树、三板桥后,骡马队及往来商贾客人也常选择住在箱子溪,箱子溪成为鹤峰东出渔洋关、宜都、枝江以及四川至湖南古盐道的交通枢纽。

现存的客栈老屋

　　20世纪40年代出生的柳庆元回忆,小时候客栈、骡马店人来人往,热闹非凡,赶骡马的、背力的、挑脚的大都会在这里歇脚。柳庆元的父亲柳国用负责到处收集骡马吃的苞谷秆、黄豆秆。

　　箱子溪客栈一直开到20世纪60年代。2013年,村民向武银购入房屋后,将客栈中间部分拆除重建,现在仅剩老屋三间。

6.14 岩河沟驿站

岩河沟驿站位于鹤峰县燕子镇芹草坪村三组，中心地理坐标为北纬30°04′47″，东经110°14′38″，海拔约1505米。该驿站为四川至湖南的骡马大道中鹤峰段大岩堡至芹草坪的一处重要客栈。

驿站在新中国成立初期被拆毁。1973年，生产队在此地建起猪场，其砖石结构的"角岩"等均是利用原驿站柱础、台阶等中的青石砌成。从现场建筑遗址推测，岩河沟驿站（含骡马店）是一幢面阔五间、一正两横的木质房屋，坐北朝南。整个驿站占地400多平方米，正屋五间，靠东侧的横屋厢房四间，靠西侧的横屋三间，共七间，靠东侧吊脚楼下的骡栏保存完好。

清末民初，驿站由一位被称为"酒醉佬儿"的杨姓人开办，生意十分火爆。驿站内的客人，最多时有几十人，骡马多达五六十匹，骡圈都关不下，大批骡马被拴在驿站附近。当时驿站主人家庭条件较好，为了防止遭人打劫，主人将铜钱用油纸严密包裹后，藏于西侧厢房吊脚楼粪坑中间的小方池中，再用石板压紧。新中国成立后，生产队重新建猪场，在原粪池中挖出了一包银元和铜钱。驿站在杨氏后人杨绪柏手上停办。杨氏家族从这里外迁，其留存于驿站东侧山麓的一大片祖坟园在1988年的洪灾中被泥石流埋压，唯独驿站遗址后山腰上一座清代光绪年间的先祖墓葬连同墓碑被保存下来。

6.15 水沙坪驿站

水沙坪驿站位于鹤峰县容美镇石门村水沙坪五组，中心地理坐标为北纬29°56′24″，东经110°02′35″，海拔约899米。

水沙坪驿站是鹤峰县城通往留驾司、下坪、邬阳关、金鸡口古道上的一处重要驿站，也是鹤峰至留驾司、下坪、邬阳关的第一处骡马店。因自县城洗脚溪开始都是陡峭的山坡，一直到山顶的堂房上与观音坡之间，才出现一处三面环山的盆地，故民居均沿北侧山麓依山而建，古道自西向东从北侧山麓穿坪而过，驿站建在一排民居中间。南来北往的客人及骡队走到这里时因爬坡体力消耗殆尽，故驿站就成为理想的休息餐饮和骡马添加饲料之地。驿站房屋依山而建，坐北朝南，为一正两横土家干栏式建筑，六柱五棋，占地数百平方米。坎上为客房，坎下为安置骡马的马棚。现仅剩正屋三扇两间，横屋三扇两间。

由于水沙坪地处交通要道，驿站生意十分兴隆。水沙坪驿站在向仁斋的祖父经营时期最红火。客人多的时候，骡客就住在两端横屋的楼上。在新中国成立后的土地改革时期，向仁斋被划为地主，其房产由政府分给了贫民张启平（四川人）。张启平继续经营骡马店，直至20世纪70年代初期。

水沙坪驿站

七、古茶号

7.1 泰和合茶号

　　泰和合茶号位于鹤峰县五里乡五里村老街、"五里坪革命旧址"保护范围内老街中段临街北侧，即现联县政府大会堂旧址、九区妇女协会旧址、红军驻军旧址、五鹤游击梯队队部旧址，中心地理坐标为北纬29°53′42″，东经110°20′31″，海拔约1081米。泰和合茶号是五里坪老街十分具有代表性的茶庄。该茶庄在老街北侧，坐北朝南，有长30余米的临街铺面，有三层穿斗式木质瓦房（房屋三进，共有六个天井）。运茶的骡马从房屋东端通过板梯直达二楼，驮好茶叶后，从茶庄西端另一处楼梯下楼，一次上楼一槽（即四匹骡马），数十匹骡马分若干次装卸完成后，统一在街上集合后上路。

　　据《鹤峰县志》（1985版）卷三十《人物传记》记载，广东人林紫宸于清光绪二年（1876）来鹤峰办红茶，传授红茶初制技术，建"英商泰和合"茶号，在各主产茶区设分庄，收购红毛茶。自此，鹤峰茶叶产业迅速发展，为了方便集中调运，泰和合茶号在县城和五里坪设转运站。由于英国人卷入第一次世界大战，英商经营的红茶生意每况愈下，英商撤销了林紫宸的买办之职。民国初年，泰和合茶号倒闭。

　　民国七年（1918）七月初四，驻扎在五里坪的鄂西靖国军和五峰团防孙俊峰部开战，靖国军兵败，撤离了五里坪。五里坪老街的房子，包括泰和合等一批茶号，大都被烧毁。

泰和合茶号遗址

7.2 周鹤泰茶号

周鹤泰茶号位于鹤峰县五里乡三路口村,中心地理坐标为北纬29° 54′ 54″,东经110° 26′ 01″,海拔约1188米。周鹤泰茶号设立于清末民初,兼营骡马店、客栈,主要发挥中转茶叶的功能,即转运茶叶至宜沙泰和合,最初由一周姓人经营,后由当地杨光兵家经营。当时房屋建筑面积1000多平方米,坐东朝西,为两进堂,有三个天井,是如宫殿般的封火大瓦屋,有自家专用水井,名画果洞;有花园,现在三路口村民还叫那个小地方为"花园";有专门修建的下水道,房子看起来是一层楼,实际上有两层,二楼可放货物。骡马店可关8槽32匹骡子,茶号门前立有拴马柱两对(四根)。拴马柱后被迁往五里乡中坪村杨宗让墓地前。原茶号建筑物从"大跃进"时期到改革开放后陆续被拆完,现留存的花园遗址宽17米,长24米;骡马店、客栈遗址宽15米,长26米。

当时周鹤泰茶号规模较大,以经营贩运茶叶为主,兼营其他货物。周鹤泰茶号的正门左右厢房设有铺面,大梁庐山柱,店面壮阔,货物齐全,铺台上方挂着黑漆楠木招牌,上面刻着"万货俱全"几个大字。

周鹤泰茶号遗址

7.3大木坪红茶号

大木坪红茶号位于鹤峰县五里乡南村村一组,距古茶道仙人掌100米,中心地理坐标为北纬29°54′11″,东经110°16′51″,海拔约824米。

大木坪红茶号占地近400平方米,四周围墙都用火砖封砌,因此也被当地人称为"封火桶子"。当地居民对大木坪红茶号的印象较深刻,据说它是张竹林修建的,张竹林的母亲汪大卦是当地有钱的地主,张竹林在解放前开始修建茶号,因茶号规模过大,建成之时,已经差不多用完了张家的积蓄。茶号刚开业几天,张竹林的妻子便去世了,张竹林当时去赶集的时候说,自己茶号修好了,身上只有八个铜板,堂客(妻子)要扯鞋面,又要买香纸,又要过年,只有一把丛帽(方言,即松叶)一把烟,送司命(灶王菩萨)上九天。

1934年,他留下母亲汪大卦与女儿张莲香,去了湖南津市的兴安,并在兴安成家立业,重新开起了茶号,后来逝世于兴安。新中国成立后,大木坪红茶号一直是张竹林的母亲汪大卦和女儿张莲香的住

大木坪红茶号遗址

处。女儿张莲香生有一女两子:张桃英(现73岁)、张修胜(已去世)、张修贵。后来,茶号成了村里的保管室,用于存放粮食或召开村民大会。茶号建筑在20世纪90年代被拆除,现在周围可见诸多散落的麻条石。

7.4 龚氏茶行

龚氏茶行位于鹤峰县五里乡南村村三组，中心地理坐标为北纬29° 54′ 19″，东经110° 18′ 00″，海拔约892米。原房屋为七柱五棋四扇板装瓦房，另加两侧偏屋共五间，房屋坐西朝东，现已毁，复垦为一块茶园。

龚氏茶行遗址

清光绪二十八年（1902），刚刚16岁的龚绍芝一改父辈们义务为亲朋好友帮忙加工零散茶叶的习惯，挂牌"茶行"，将周边茶叶统一收购加工后，销往五峰渔洋关和湖南石门方向。茶行还专门饲养驮茶的骡马3匹。儿子龚凤生还添置了木质的储钱柜，龚凤生之子龚方珍成年恰逢新中国成立后，一直担任生产队队长和生产队红茶制作技术员，将茶行老木房翻修移至老宅东侧，另建起坐北朝南的新瓦房。龚家几代都以茶叶为生，现在龚家第四代龚明才重新建起茶叶加工厂，新添置多台制茶机器，每年加工销售大量的绿茶、红茶。

7.5 永兴茶行

永兴茶行位于鹤峰县五里乡南村村三组,中心地理坐标为北纬29° 54′ 11″,东经110° 17′ 56″,海拔约886米。原茶行为一正两横板装瓦房,坐北朝南,占地500多平方米,两边厢房为吊脚楼,正屋五大间,横屋四间,两端横屋之间的院坝晒场宽大。老旧木房已被拆毁,仅存西侧房屋两间、柱基23件、麻条石若干。村民于原茶行遗址上新建两栋楼房。

永兴茶行遗址

张氏历代经营茶叶,积累较多财富,子女皆入学读书,且成绩全优,尤其是张九畴于民国初年考入宜昌第三师范学校,成绩优异,回乡后担任区乡政府要职,将原老茶号的木房翻修成南村村首屈一指的大木房。张九畴无暇顾及茶号之事,其子张岸衡继承祖父开设茶号的牌名"永兴茶行",在此收购茶叶,转运山货特产。

7.6南村茶栈

南村茶栈位于鹤峰县五里乡南村村三组,中心地理坐标为北纬29°54′15″,东经110°18′02″,海拔约937米。

南村茶栈的房屋建于穿越南村村的古道北侧、善兴桥东端,坐北朝南,为两层木质瓦房,共七扇六大间,正屋四间,左右各有偏房,一楼和二楼各设有两个临时储藏茶叶的仓库,仓库内贴有两层用来防潮的油皮纸,一楼设有收购部和会计室。屋前有一个大场坝,用于晾晒茶叶,屋前晒场可放数十张晒席。

南村茶栈遗址

新中国成立后,南村茶栈便开始收购茶叶,由鹤峰县中茶公司管理,主要收购南村村及周边卯子山、扎鸡山、大木坪、寻梅、水泉等地的茶叶。南村茶栈主要从事茶叶收购及初加工活动,设有一个大木盘,通过牛拉动木盘带动木桶揉碾茶叶。一般需要通过观"水碗"、观叶片、闻味道来检验茶叶的质量。为了确保茶叶的品质,收茶时会在一排凳子上面放一二十个碗,然后随机抽选样茶,放在碗中用开水冲泡,如果泡出的水红亮,而且茶叶叶片舒展、完整,那就是好茶。人们在收购加工好茶叶后,会将茶叶用大布口袋装好,并贴上写明茶叶品种、等级等信息的标签,再在封口处盖章。四个仓库都堆满茶叶后,由骡队或背茶工转运至宜都茶厂。南村茶栈收购部一般有4~5名职员,主要有收购员、会计员、茶叶技术工、炊事员。在南村茶栈工作较长时间的职员有宜都中茶公司委派的收购员向光前、会计刘章武、炊事员周福珍,以及鹤峰县中茶公司聘用的茶工徐国栋。

1975年,随着五里区茶园的迅猛发展,五里坪茶站扩大,南村茶栈合并到五里区茶站。南村村及其周边村组的茶叶均需由各生产队或村组自己粗加工后,由五里区茶站统一收购。

7.7 协同茶行

协同茶行位于鹤峰县五里乡五里村,即现五里乡人民政府正对面,中心地理坐标为北纬29°53′45″,东经110°20′28″,海拔约1083米。房屋呈丁字形,正屋为四扇三间吊脚楼,正屋往后延伸有四间木屋,分别是堂屋、火炉、厢房、骡马圈,房屋现已不存。

协同茶行由欧应田夫妻两人共同经营,请有两位长工。茶行以收茶贩茶为主,附带收购生漆、桐油等山货,运往湖南石门、常德、津市。茶行还为客商提供住宿,设骡马圈,为骡马提供给养。当时,五峰、宜都的茶客大都选择在协同茶行和王大义客栈歇息。因协同茶行马圈较大,有骡马的茶客大都选择住在协同茶行。

协同茶行遗址

7.8 愈兴茶行

愈兴茶行位于鹤峰县五里乡五里村老街,即现五里乡人民政府大门内,中心地理坐标为北纬29°53′46″,东经110°20′27″,海拔约1082米。茶行为两层木房,呈丁字形,正屋每层三间,后面延伸有两栋两层横屋,一侧六间房,两侧加起来共十二间,房屋面积约600平方米。1957年在这里设过茶叶收购站,茶行房屋现已不存。

在1918年老街遭受火灾、建起新街后,茶行由欧用武经营。欧用武利用舅兄邹昌盛承接泰和合茶号设施设备的条件,借泰和合茶号的资金修建正屋开始做生意,积累资金后修建了后面的横屋。茶行雇有3~5名工人,主要收购红茶,也为茶客和骡马提供歇息之处。自家也养有不少骡马,欧家人走亲访友、收茶卖茶大都是骑马往来。

愈兴茶行的茶大多是来自潼泉、燕子、湾潭、桃山、南渡江、东乡的初制红茶,由茶客肩挑背驮或骡马驮运而来。茶行的工人有时也会到各个村落收购初制茶。收购的红茶主要销往宜都及湖南石门等地。

愈兴茶行遗址

茶行前面摆放有长凳和长桌,欧用武亲自检验茶叶的质量。茶桌上放碗泡茶叶,通过观茶色、看茶片、闻茶香来定茶价。因为其妻邹二姐爱赌博、抽鸦片,所以家里的生意不红不火。邹二姐死后,欧用武另娶马家女儿为妻,夫妻齐心经营,使家里的生意越来越红火。欧家也开始发家致富,先后开办了愈兴茶号与福兴漆行,收购茶、桐、贝、漆、棕等五里坪的土特产。

7.9 同福茶行

同福茶行位于鹤峰县五里乡五里村,即现五里坪革命旧址文物保护管理所驻地,中心地理坐标为北纬29° 53′ 44″,东经110° 20′ 29″,海拔约1081米。茶行总店原为三层木质房屋,一正一横,横屋两间,正屋遗址上为后人翻修的楼房(被文物保护管理机构征用),横屋旧址上为朱氏后人新修的住宅楼房。分店位于老村,已无迹可寻。

同福茶行是朱朝策于1930年开设的,主要收购附近村落以及南渡江、燕子、潼泉等地的茶叶、生漆、桐油等,同时贩卖日用百货,一楼为铺面,横屋有两间房,一间卖货,一间收货。屋后设有骡马圈,喂养骡马。二楼设有休闲娱乐

同福茶行遗址

室,供客人打"百和"(娱乐的牌名),因此当地人也称朱朝策为"百和主人"。三楼主要用来存放茶叶、山货、日用百货等货物。收购的茶叶主要运往湖南的津市、河口销售,再换回布匹、食盐等日用百货。同福茶行的生意越来越红火,朱家的产业也慢慢扩大,朱家还开过朱氏染坊与朱万顺漆行。由于各地来鹤客商都经过五里坪这个货物集散点和大通道,一时间,这里商贾川流不息,生意红火,早晚都有客人出入。据朱家后人回忆,当年生意兴隆时,客人吃饭跟开流水席一样,早晚不间断。新中国成立后,朱朝策携房产入股参加供销社,将茶行改名为"万顺商店"。

7.10 刘居和茶行

刘居和茶行位于鹤峰县五里坪老街,中心地理坐标为北纬29° 53′ 43″,东经110° 20′ 19″,海拔约1081米。刘居和茶行对面是泰和合茶行,该茶行的规模和泰和合茶行一样大,经营时间略晚于泰和合茶行。

刘居和茶行遗址

刘居和茶行店面大,生意好,一年最少能收购10多万斤初制红茶。房子后面有装有玻璃窗的操作间,玻璃窗操作间中有几十人赶茶(初制红茶)。刘文清做生意老辣,在收购茶叶和山货时,要价低,压价狠,有时候会刻意压低茶客的价格。当时流传有打油诗:"能吃三副药,不缠刘居和;能吃四两姜,不缠张大娘(刘文清的老婆)。"因为刘居和做生意太过计较,所以刘居和茶行后期逐渐被其他茶号打压了下去。1918年左右,茶行停止经营。刘居和茶行主要对内销售茶叶,做当地和附近区域的生意,其红茶大多销往渔洋关、宜都。

7.11 夏家茶号

夏家茶号位于鹤峰县走马镇古城村五组银杏街,中心地理坐标为北纬29°49′35″,东经110°25′17″,海拔约970米。

清光绪二十六年(1900),夏承德在走马坪买下街头大白果树前覃家占地约2000平方米的大宅院,开办起走马坪有史以来的第一家茶号——夏家茶号。在往湖南石门泥市泰和合茶号销售茶叶的过程中,精明的夏家茶号老板夏承德通过茶商卢次伦,成为泰和合茶号的合作伙伴。

夏家茶号的从业人员从最初的30多人扩大到400多人,建立了财务、收购、粗制、精制加工、保管、运输销售、总务7个机构,其骡马由最初的3匹发展到30多匹。茶叶年产量由2万多斤发展到20多万斤,茶叶总产量占到了整个鹤峰的近三分之一。茶叶收购点广泛分布在关内的

夏家茶号遗址

南渡江、桃山、大木坪、南村、寻梅台,以及关外的铁炉坪、阳河、细沙坪、芭蕉河。经过几年的经营,夏家茶号还另设了两处分号,成为关外走马、铁炉一带最大的茶号。

夏承德筹划在夏家湾(位于杨家场紧靠官鼎坪一带)修建一处大型宜红茶加工基地,将附近分散加工宜红茶的小作坊集中起来。1919年,石门宜沙大茶商卢次伦遭盗匪骚扰,这严重影响了宜红茶的生产、运输和销售,因此泰和合茶号被迫停业。夏家茶号失去了销售渠道,只好于次年关门停业。

7.12 宫福泰茶号

宫福泰茶号位于鹤峰县五里乡寻梅村一组寻梅台,中心地理坐标为北纬29° 56′ 45″,东经110° 17′ 18″,海拔约613米。茶号由渔洋关宫福泰在此开设。寻梅村60岁以上的村民大都见过茶号旧址,当地人称茶号所在地为"号里"。茶号入口处修建有槽门,主体建筑为一正两横格局,正屋三大间,正屋两侧各有两间横屋,是当地规模较大的建筑。

据温友香回忆,宫福泰茶号是"余先生"负责收茶,高峰时期一次来近百匹骡马,在寻梅台停留七八天,然后将茶号收购的茶叶驮走。宫福泰茶号的茶叶经寻梅台—百顺桥—鹿耳庄—湾潭—北风垭运至渔洋关,或者经寻梅台—水桶方—五里坪—三路口运至渔洋关。新中国成立后,在社会大变革中,寻梅台的宫福泰茶号随时势关闭。土地改革时期,茶号分给当地陈家、田家等五户人家居住,后被拆毁。田启义等两户人家在茶号原址上修建了现代房屋,遗址仅存部分柱础。

7.13 留驾司红茶号

留驾司红茶号位于鹤峰县下坪乡留驾村五组,中心地理坐标为北纬30° 00′ 39″,东经110° 06′ 30″,海拔约700米。茶号属渔洋关茶商宫福泰所有,原为一合井建筑,正屋五间,进深五间,中间为天井。新中国成立后,在原茶号遗址上设立茶站。茶站于20世纪90年代被拆除。村民龚明尧、吕玉梅两家在遗址上修建了现代房屋,现仅留下三种规格的柱础遗存。

鹤峰是最早生产宜红茶的县市之一。清光绪十一年《续修鹤峰州志》载,丙子年(1876),粤商林紫宸来州(即鹤峰州)采办红茶,在五峰县的采花、鹤峰县的留驾司等地设茶庄。留驾司红茶号收购的红茶,经留驾司—香炉山—上村—朝阳坪—施州河—清湖—湾潭运至渔洋关。

　　新中国成立前，宫福泰从渔洋关派人在留驾司收购红茶。最后一任收购红茶的管理人员是周海门，是宫福泰的妹夫。宫福泰后人宫自信在《渔洋关源泰茶号的红茶贸易与运输》一文中介绍："宫福泰将二女宫学秀嫁到鹤峰留驾司。据《周氏族谱》载：周必珍居五峰渔洋关，娶茶行老板张同先之女，被派到鹤峰县留驾司开茶行。必珍仅有一子周自福，号海门。周自福1901年农历十月初二生于五峰渔洋关水田街，11岁被父亲接到鹤峰生活，1924年娶宫氏（学秀）。1933年必珍卒，葬留驾司卢家园子。1944年自福卒，葬留驾司街后大茶园。1983年6月8日宫氏卒，与夫合葬。"

　　留驾司红茶号所在地以前被当地人称为"司里"。茶号后面为茶园，一直以来都被叫作"茶庄坡"。茶号前面是留驾司老街，老街长约百米，以前仓库、医院、合作社等大都分布在老街上。直到20世纪90年代，老街都是留驾司

留驾司老街上的茶号

十分热闹繁华的地方。留驾司有茶庄坡、广福寺两处古茶园。茶庄坡古茶园在留驾司五组、六组范围内，面积约500亩。广福寺古茶园在留驾司一组、二组范围内，面积约500亩，现有保存完好的古茶树，四根茶树缠绕并生，最细的树干周长约0.3米，最粗的树干周长约0.4米，高5米，冠幅5米。留驾司现在还流传有"广福寺的茶，白鹤井的水，皇帝冲泡白鹤飞"的传说。

7.14 茶店子茶号

茶店子茶号位于鹤峰县燕子镇茶店子村五组,中心地理坐标为北纬29°55′08″,东经110°11′14″,海拔约1222米。茶店子村下辖7个村民小组,其中茶店子村五组拥有的茶园面积最广、产量最高。新中国成立初期,县里曾给茶店子村五组下达完成茶叶年产量7000斤的任务。

清乾隆六年(1741),于鹤峰州成立驿运机构——铺递,即设立管理鹤峰州道路、运输、驿站等事务的机构。鹤峰州设总铺,通往各个方向的称铺递,隶属总铺管辖。茶店子属南路的四个铺递之一,每处的铺兵是管理骡运或人力运输的兼职人员。民国时期,随着运输量增加,骡运规模渐大,各乡成立驿道递运站或联运站,两站之间约15千米。

茶店子茶号处于古茶道1号线路枫树坪至南渡江段的枫树坪—火口—九拐溜中间,加之五里乡潼泉村、陈家村、雉鸡村、湄坪村的村民到鹤峰县城,经渡口过娄水河,从茶店子村的铜船湾前往鹤峰是最近的道路,过往行人、商人、骡客多,因此茶店子成为一处热闹的交通要道。茶店子村村民卢一成祖上及叔父做过茶叶生意,曾将茶叶远销至宜昌长阳资丘。

茶店子收茶、开客栈的历史久远,直到新中国成立初期,县里还在这里设茶站收茶,后将茶站改设至南渡江。原开在茶店子的客栈也迁至火口(距茶店子约一千米),由一陈姓人家经营。

茶店子茶号遗址

附：民国二十八年至二十九年鹤峰县茶行统计表[①]

地址	茶行号名	经营人
西正街	祥兴澍红白茶行	李建民
西街	荣春荣发茶行	向春廷
西街	同丰茶行	覃民斋
西街	李乾丰茶行	李楚锦
西街	鹤合兴茶行	洪尊三
南城外	复盛源茶行	陈广源
十字街	同春祥茶行	李裔明
官庄河	义长茶行	覃盖石
坪溪	复兴祥茶行	洪育人
茅竹山官田坪	恒兴荣茶行	王永发
长生坊	永昌隆茶行	朱仕卿
老村河	同福茶行	朱朝策
老村河	祥兴晋茶行	李杰三
西正街	育记茶行	洪育人
十字街	盛源茶行	陈炳清
西街	兴生和茶行	张兴发
十字街	恒兴茶行	洪哲人
南城外	永利茶行	（缺）
七眼泉	民权茶行	孙瑶阶
五里坪	同裕兴茶行	陈孔阶
南府	永兴茶行	张岸衡
卯子山	陆记陆正和茶行	陆让卿

① 根据鹤峰县档案馆馆藏档案编制。

（续表）

地址	茶行号名	经营人
五里坪	永兴盛茶行	康兴顺
潼泉	协昌恒茶行	涂遐龄
莫家台	正大茶行	陆让卿
南渡江	永恒茂茶行	洪新周
五里坪	福发茶行	欧高位
张家垭	同兴茶行	邬昌厚
下寻梅	恒泰茶行	陈明钦
五里坪	协同茶行	欧应填
寻梅台	恒兴茶行	陈明远
五里坪	源恒茂茶行	（缺）
五里坪	永昌隆茶行	（缺）
五里坪	同和兴茶行	（缺）
五里坪	福茂茶行	（缺）
板栗坡	源恒茂茶行	田雨芝
白沙岭	裕和茶行	胡必精
留驾司	裕春和茶行	刘春山
留驾司	周宏泰茶行	周海门
何家村	永盛鼎茶行	徐善源
何家村、大岭	陈太和茶行	陈昌岐
新地堡	泰记茶行	杜先泰
下坪	乾丰合记茶行	李吟清
大河	乾丰善记茶行	李善臣
留驾司	裕大茶行	胡定伯
新地堡	太鼎茶行	殷家恩
垭门头	裕协茶行	胡心检
东乡坪	晋申昌茶行	唐申之

（续表）

地址	茶行号名	经营人
百顺桥	怡兴茶行	罗道生
唐家巷子	鹤兴公茶行	唐荩臣
咸盈河	美成茶行	宫美山
东乡坪	同兴祥茶行	陈又然
百顺桥	向茂祥茶行	向长荣
龙子坪	洪恒顺茶行	洪玉廷
燕子坪	鹤兴公茶行	唐荩臣
老鸦水	恒兴顺茶行	洪禹廷
芭蕉湾	义和祥茶行	张佑之
锅场湾	盛泰茶行	邓显巨
北佳坪	兴泰茶行	周自福
茶园坡	永和茶行	张勋臣
河坪	三民茶行	龚富堂
莫家台	正大茶行	陆让卿
北佳坪	陈太和茶行	陈岐山
郭家村	仲记茶行	胡书田
湾潭河	协华茶行	吴俊卿
柘家坪	荣松茶行	刘裕和
高桥河	乾丰清记茶行	李吟清
栗子坪	永昌茶行	刘元德
栗子坪	济大茶行	吴化轩
乌凤溪	荣峰茶行	郭章甫
马家峪	永昌茶行	王祖述
王家塝	和兴茶行	徐月卿
小龙潭	裕茂茶行	胡古儒

八、古茶园

8.1 连三坡古茶园

连三坡古茶园位于鹤峰县五里乡南村村四组，在古茶道连三坡第二坡古道两旁，中心地理坐标为北纬29°54′13″，东经110°18′40″，海拔约1055米。该茶园面积300余亩，有树龄近百年的茶树，茶树主干围径20～30厘米，树高2～3.5米，

连三坡古茶树

冠幅2～3米。该茶园中茶树的种植方式有条植和丛植两种。

新中国成立前，此地就有古茶园，新中国成立后，又新种植了一部分茶树。茶园原来一直有人管理，直到20世纪90年代，因为打工潮的出现，村里劳动力外出，茶园便处于抛荒状态。

2019年，作为万里茶道鹤峰段的重要组成部分，该茶园被湖北省人民政府公布为第七批文物保护单位。

连三坡古茶园

8.2 长岭古茶园

长岭古茶园位于鹤峰县五里乡南村村一组谢家垭，中心地理坐标为北纬29° 54′02″，东经110° 16″45″，海拔约895米。该茶园为百年以上老茶园，面积近80亩，茶树主干围径10～20厘米，树高2～4米，冠幅2～4米，属自然生长的野生茶树。

后来人们为便于集中管理茶树，就在长满茶树的荒山移栽或补种茶树，并将一部分特别高大、接近小乔木的茶树砍掉，再补种茶苗，这样便形成株距极不规则的茶园。

清雍正十三年（1735）改土归流后，长岭自然生长的一片茶树由胡昌龄管理。清乾隆三十二年（1767），胡昌龄辞世，其子胡世举、胡世榜兄弟将老人埋葬于长岭山顶，并立刻有龙凤呈祥图案的石碑一通。胡氏世代继承祖业，至清代末年，将茶园转卖给谢某。

清代到民国年间，古茶园多为自生自长自成的老茶园。民国后，由于原古茶树被砍伐殆尽，人们开始垦植和管理茶园，因此形成了疏密不等的茶园。这类茶园被称为"满天星式茶园"。其茶叶主要销往大木坪红茶号。

从新中国成立到20世纪80年代初期，茶园一直由生产队集体管理。人们采摘茶叶后，集中将茶叶运到生产队"烤茶屋"制作成红茶，再销售到南村茶站。20世纪80年代分产到户，由南村一组杨连凯、田秀银、张泽清、彭科斋、吴昌红、张玉平、宋长林7户村民管理。2020年，该茶园被鹤峰县人民政府公布为第三批文物保护单位。

长岭古茶树

长岭古茶园

8.3 桐子树堡古茶园

桐子树堡古茶园位于鹤峰县五里乡水泉村七组，中心地理坐标为北纬29°54′24″，东经110°15′15″，海拔约860米。该茶园长100米，宽50米，坡度近40度，有老茶树100多蔸。老茶树根部围径最粗的达36厘米，大部分在30厘米左右，树高3～5米，冠幅3～5米。

茶园在本村村民宋书清房屋旁，一直由其母亲精心管理。2017年，因90岁高龄的宋母去世，茶园便由宋书清继续管理。该茶园中有树龄百年以上的老茶树，老茶树与台刈后的矮茶树相连生长。

桐子树堡古茶树

水泉村属南渡江片区，是鹤峰传统产茶区。村里的蚂蝗坡、半边湾、大竹园、汤家垭、茶园尖、张家峪、彭家堡、付家坡、十八磴、板栗坡、灌垭、沙湾坡都是有人集中居住的小聚落，聚落周围均有成片的茶园。

桐子树堡古茶园

8.4 盘龙垭古茶园

盘龙垭古茶园位于鹤峰县五里乡南村村一组大木坪盘龙垭,中心地理坐标为北纬29°54′39″,东经110°16′43″,海拔约940米,距村落集散点约800米。

该茶园为百年以上老茶园,面积约40亩。茶树树径7～11厘米,树高2～3米,冠幅2～4.5米。从公路边的大木坪红茶号步行到老茶园的小路上,就能看

盘龙垭古茶树

见老茶树,沿途全是零散的老茶树。从大木坪红茶号到盘龙垭的路线为"大木坪红茶号—紫树地—小茶园—扇子坝—长湾下脚—花子堡"。盘龙垭古茶园主要集中在紫树地、小茶园、扇子坝。青壮年劳动力从入口步行至盘龙垭垭口大约需要40分钟。

盘龙垭古茶园

137

8.5 上京台古茶园

上京台古茶园位于鹤峰县五里乡南村村一组大木坪上京台，中心地理坐标为北纬29°54′32″，东经110°16′33″，海拔约811米，距村落集散点约460米，地形坡度约45°。

该茶园为百年以上老茶园，面积约50亩，到目前为止，未被开荒利用，任其自然生长，长满灌木。茶树主干围径

上京台古茶树

20~30厘米，树高3~4米，冠幅3~4米。从集散点的公路沿着小溪沟（毛家湾）边的小路至上京台古茶园，沿路杂草横生，已看不清线路。从大木坪红茶号遗址经小溪沟至上京台古茶园的道路两边的坡地中也有生长良好的零散老茶树，面积约6亩。

上京台古茶园

8.6 沙坡古茶园

沙坡古茶园位于鹤峰县五里乡南村村三组沙坡,中心地理坐标为北纬29°54′36″,东经110°18′07″,海拔约872米。该茶园有树龄百年以上的茶树,茶树树径8～14厘米,树高3～6米,冠幅3～7米,如伞状成片区保存。古茶园约有15亩,距民居密集处约400米,仅有一条宽0.5米左右的生产道路连接古茶

沙坡古茶树

园,少有人过往。因坡度较大,青壮年外出,茶园不易管理,遂任其自然生长,以致茶叶更不易采摘,渐渐变成了抛荒茶。茶园所属不详,当地少数村民会在采摘期来此采摘鲜叶,在家中加工后销往荒野茶收购点。

沙坡古茶园

8.7 钟湾古茶园

钟湾古茶园位于鹤峰县五里乡南村村三组,中心地理坐标为北纬29° 54′ 17″,东经110° 17′ 46″,海拔约921米,面积30亩。因茶园附近张桓侯庙有一重达千斤的铁钟,敲钟时周边数十里可听见,故称"钟湾古茶园"。新中国成立初期,铁钟被毁。园内茶树为大叶片老茶树,树径8 ~ 13厘米,树高3 ~ 5米,冠幅3 ~ 4米,在茂密的树林中与油茶树夹杂生长。由于数十年无人管理采摘,与南村村北部野生茶园连为一片,被茂密的森林覆盖。如果不钻进荒芜的丛林中寻找,则无法发现茶园。钟湾古茶园所处位置陡峭,坡度在45° 以上。

钟湾古茶树

清康熙四十三年（1704），戏曲家顾彩游历容美来到南府，曾住在张桓侯庙。顾彩在《容美纪游》中记述："君以新茶、葛粉、竹鼬、野猪腊、青鱼鲊、虎头脯饷余寓中。"这说明早在容美土司时期，南村村就是当时的茶叶主产区，而且是鹤峰茶叶向外销售的重要集散地。清朝末年，林紫宸等广商在鹤峰收购红茶，维修茶道，南村村属于重要区域。民国时期，湖北省农业改进所袁鹤来鹤峰调查，列举指出鹤峰五里坪产茶区包括南渡江、东乡坪、南村、红罗、燕子坪等处，明确指出南村为传统茶园所在地之一。

钟湾古茶园

茶园所在山林由村民张道如、万杰珍、胡定勇、覃遵锐管理。据村干部张关秀介绍，这片茶园在她小时候就已经存在，他们当年采茶时就要掰着茶枝采摘，称为"采荒茶"，现茶园常年无人管理。

8.8 高家湾古茶园

　　高家湾古茶园位于鹤峰县五里乡南村村二组高家湾向家沙坡，中心地理坐标为北纬29°54′28″，东经110°17′29″，海拔约979米，面积约20亩。园内茶树为大叶片老茶树，大都有百年以上树龄，现已被茂密高大的树林包围，树径8～12厘米，树高2～3米，冠幅2～4米。二十世纪六七十年代还有人管理、采摘，后无人管理，茶园里面现残存有烧制土瓦的瓦窑。茶园所在山林由本村村民高德州管理。

高家湾古茶树

高家湾古茶园

8.9 段家湾古茶园

段家湾古茶园位于鹤峰县五里乡南村村二组段家湾,中心地理坐标为北纬29° 54′ 34″,东经110° 17′ 15″,海拔约938米。段家湾古茶园为野生茶园,面积约80亩。该茶园内茶树大都有百年以上树龄,树径8～15厘米,树高3～5米,冠幅3～6米。

茶树生长在坡度45°以上的山林、石缝间,常年无人管理、采摘。20世纪60年代,茶园属集体所有,当时茶园就是大蔸茶。分产到户后,茶园所处山林由段祁山家管理。

段家湾古茶树

段家湾古茶园

8.10 坛子洞古茶园

坛子洞古茶园位于鹤峰县太平镇坛子洞村三组,是鹤峰传统茶园中具有代表性的古茶园之一,中心地理坐标为北纬29° 52′ 31″,东经109° 56′ 29″,海拔约700米。坛子洞古茶园一带曾有两个生产队居住,共计200多人生活在这里。近40年间,由于交通不便、经济落后,年轻人大都赴外地打工。他们打工挣钱回家后做的第一件事,就是将坛子洞的老家迁移到条件相对好一点的乡镇或县城附近。因村民逐年外迁,目前村中只有少数的留守老人,该茶园基本成为"无人区"。

坛子洞古茶园

二十世纪七八十年代,坛子洞因茶而繁荣,周边村寨极其羡慕。当年,这里的居民来自不同的地方。据目前居住于坛子洞村四组、五组的人们介绍,他们在此居住有三代人以上。旧时,这里的居民多为王、江、叶、宋、邓、文、向、李、张、廖、何、舒姓。这里原来有茶铺、商店等(尤其是茶铺,非常热闹),近30年来逐渐成为"无人区",致使周边人工栽培的茶园成为无人管理的野生茶园。在这漫山遍野的茶园荒地里,茶树多在溪沟、缓坡等荒芜的区域里成片分布着。

坛子洞古茶园中的茶树多为集束式的高秆状,是常年无人管理和采摘的结果。整个茶园被分成大小不同的块状地,一块几亩到几十亩不等,总计约有2000亩,沿着山体成片分布。园内茶树一般高2～3米，也有高达5～6米的。这些成束状的茶树蔸上丛生着10多根树干围径15～20厘米的茶树。较大茶树蔸的围径在50厘米左右，其他茶树的树干围径均在15厘米左右。这里的茶园多见于山湾地带，处于历史

坛子洞古茶树

上人工种植的茶园区域。茶树隐蔽于高大的灌木中，不易被发现。容美土司时期，这里就是容美的产茶区。据林业、茶业部门测定，这些茶树的树龄多在百年以上，个别在二三百年间。茶叶的销售方式多为分散销售，除20世纪60年代外，均是各家各户分散加工粗制后，由人工运至今县城所在地容美镇，再由茶商经渔洋关或湖南泥市加工后出口。由于此处现居人员较少，受地形限制交通不便，加之自然环境优异，没有现代污染源，因此坛子洞古茶园已成为鹤峰原始野生茶树的重要茶园之一。

1919年，羲农在《吾国之茶业》（再续）中写道："湖北省以鹤峰所产茶者为最优，惜其产额甚少，故其名不著。其次为羊楼洞及羊楼司所产者，品质善而名亦高。"坛子洞古茶园地处容美镇与太平镇交界处，山大人稀，与小溪茶园、大溪茶园、麻旺茶园连成片，形成了上千亩的大茶园。民国时期，湖北省农业改进所的袁鹤专程赴此地调查，称此地为"甲类产茶区"。1953年冬，国营走马示范茶场建立，以秦丙煌、曾庆楣为代表的科技人员开始在茶场播种等高条植的茶园，以后逐年推广到各地。因此，这里的大茶树被砍伐烧炭或当作柴火，而茶园也逐步从满天星式茶园转换成等高条植茶园。近10年来，这里的村落、茶号等大都搬迁出山，古茶树保护得相对较好，加之当地政府将茶园转交给具备实力的企业管理，茶业、林业部门共同挂牌，齐抓共管，基本形成了良好的管理机制。2020年，坛子洞古茶园被鹤峰县人民政府公布为第三批文物保护单位；2021年，被湖北省人民政府公布为第八批文物保护单位。

8.11 神仙茶园

神仙茶园位于鹤峰县中营镇三家台蒙古族村一组,中心地理坐标为北纬30° 02′ 08″,东经109° 59′ 19″,海拔约960米。元末明初,朱元璋的农民军四处追杀元军,部分蒙古人辗转来到三家台一带躲藏定居,发展成蒙古族村,并围绕村落大面积种植茶叶。小茶园片区有茶树9亩,最大的茶树单株树径35厘米,树冠2.4米。小茶园片区有大蔸茶、密植免耕、林下种植三种不同种植方式的茶树。

容美土司时期至今,鹤峰境内一直流传着神仙茶园所产之茶能去除杂症的神秘传说。《续修鹤峰州志》载:"离城五十里,土司分守,留驾司、神仙茶园二处所产者,味极清腴,取泉水烹服,驱火除瘴,清心散气,去胀止烦,并解一切杂症。"

三家台现存神仙茶园、余家河茶园、叉溪河茶园三处茶园,均为传统古茶园。改土归流前后,迁徙而来的蒙古族部氏家族按照当地土家族种植、采摘、加工等传统习俗制作白茶、红茶,销往五峰渔洋关、湖南石门泥市。而茶树经过历年翻蔸台刈,没有换过品种。新中国成立后,部氏家族管理的茶园变为生产队集体所有。20世纪80年代初,该茶园作为责任地,分给农户管理。2020年,神仙古茶园被鹤峰县人民政府公布为第三批文物保护单位。

关于"神仙茶园"的传说是这样的:传说某天,一贫病交加的乞丐半夜行走至此,因精疲力竭而晕倒在一棵茶树下,奄奄待毙。茶树叶片上的露珠不时滴入其口中。鸡鸣头遍,他有了感知;鸡叫三遍,他感觉呼吸顺畅;天晓之时,他感觉神智完全清醒;到了卯时,他竟爽然起身,精神饱满,体力充足,如同常人一般。他惊奇地望着这棵救命茶树,感慨万千,跪地发誓:"神树啊,我一定要报答你!"乞丐百年后转世为茶圣陆羽,念念不忘救他性命的那棵茶树。在他茶艺的巅峰时期,他带领门生和茶商到此拜祭,将救他性命的那棵茶树封为"神仙树",把这片茶园封为"神仙茶园"。

神仙古茶园

神仙古茶树

8.12 燕家河古茶园

燕家河古茶园位于鹤峰县五里乡潼泉村三组燕家河，中心地理坐标为北纬29°52′08″，东经110°12′01″，海拔约1146米，面积约80亩。该茶园内有树龄140～160年的老茶树，附近的鸟儿溪还有一株200年树龄的大茶树。大面坡有四株大茶树，经武汉茶科所专家鉴定为"冷后浑"，这是一种制作红茶后产生"冷后浑"现象的优良茶树。

潼泉村、陈家村、雉鸡村、湄坪村属五里乡潼泉片区。潼泉片区的茶农采摘鲜叶、加工成干毛茶后，大都通过两条线路将茶叶运出。一条是岩板沟—土溪沟—飞砂口—溇水河—药葫芦垴—骡子洞—扎鸡山—南村。另一条是燕家河—溇水河—铜船湾—茶店子—三里荒—县城。燕家河古茶园距离南渡江13千米，现在属于鹤峰天生万物野茶基地。

燕家河古茶树

九、古建筑

9.1 廖家老屋

廖家老屋位于鹤峰县五里乡湄坪村五组湄塔,中心地理坐标为北纬29°49′03″,东经110°14′44″,海拔约907米。房屋坐东南朝西北,为一合井砖木结构穿架柱板装瓦房,四周用青砖砌封火墙,内为悬山顶穿斗结构板装瓦房,面阔19.25米,进深19.4米,占地约374平方米,分前后两进,中间为天井,第一进三柱二棋,第二进五柱四棋,共10大间,房屋右侧封火墙开有一耳门,宽0.86米,高1.64米。大门由麻条石建成,宽1.27米,高2.37米。门框石柱上的主题纹饰为"万字格",两侧以缠枝花纹陪衬,石雕和青砖装饰造型精美,地域特征明显。

廖家老屋是目前县域内唯一一处保存有较完整封火墙的民居建筑。2011年,被恩施土家族苗族自治州人民政府公布为第四批文物保护单位。

廖家老屋外景

廖家老屋

9.2 五里进士府

　　五里进士府位于鹤峰县五里乡瓦屋村三组,中心地理坐标为北纬29°54′36″,东经110°21′15″,海拔约1148米。房屋系悬山顶穿斗结构板装瓦房,坐北朝南,六柱五棋四扇三大间,面阔16.5米,进深9.3米,占地约154平方米,房屋保存完好。因中堂大门上悬挂有一块素面红字的"进士"牌匾(红色字以金色镶边),故又称"进士屋"。两扇大门上有唐代名将秦琼、尉迟恭的彩绘画像。大门两侧各有一扇内圆外方镂空雕刻的花窗。中堂正面壁上端悬挂有清代钦点中书署进士鹤峰知县杨文勋为贡生题写的横匾"笃祐延禧",匾下有一香火板(雕刻有二龙戏珠图案),香火板下有一方形神柜。神柜两端为香案。室内左右中柱上有王氏亲族子侄在王志元母亲67岁生日时题赠的寿联一副:"遐龄过古稀教子成名灯火称觞开寿域,淋气占元复事亲有道斑衣舞采慰慈晖。"房屋内尚存雕花太师椅、雕花板床等清代家具。

五里进士府

五里进士府中堂大门及牌匾

　　五里进士府是鹤峰乡土建筑传统民居的代表。据房屋主人王志元之墓碑可知，先生讳志元，字开轩，姓王氏，先世由江夏迁鹤……墓碑没有记载主人获进士的经历，却明确记载，少入私塾，颖悟压其曹，文句警绝，性往局老宿，右年十八入州庠继贡成。

　　因此有文史专家分析，所谓进士府，或许不是进士的居所，而是获得进士题赠的、地方德高望重乡贤的居所。五里进士府具有鲜明的建筑特色，其窗棂、匾额、神龛等均具有较高的文物价值，是研究晚清土家族建筑艺术及发展演变的重要实物资料。2018年，五里进士府被鹤峰县人民政府公布为第二批文物保护单位。

9.3 杨家大屋

杨家大屋位于鹤峰县中营镇茶园坡村七组,中心地理坐标为北纬30°05′42″,东经110°05′00″,海拔约812米。杨家大屋为清咸丰年间修建,原为三栋天井四合大院,现仅剩一栋天井四合大院,保留下来的天井长2.7米,宽3.3米,深0.31米,房屋正面13间,一直到2019年仍保存完好。2020年房屋被拆毁,现仅剩正面6间房,长32米,宽5米。柱础为雕花鼓形石,现存4个。最大鼓面直径为0.3米,通高0.38米,正方形底座长0.35米,高0.12米。

茶园坡村一直广泛流传着何杨两家的故事,茶园坡最初由何家开发,何家是湖南省桃源县的大家族,家主何大鹏,又名何南民,最初带着40多口箱子进入鹤峰,到茶园坡开荒。茶园坡的大部分水田都是何南民开荒改造的。何南民在家境富裕后,

杨家大屋

在茶园坡修了三栋天井院子,在坡下20米处修了三间正房为学堂(当地人称"书房屋场")。为了修这三栋天井院子及书房,何南民自己在坡底河边的大河坪建了瓦厂。立屋那天,他组织人以人传人的方式将瓦从山下瓦厂传到大屋。

何南民是何家进入鹤峰创业的第一代,有何有光、何有怀两个儿子。但这两个儿子好逸恶劳,还吸食鸦片,散尽钱财后,便开始变卖田产。附近杨氏家族的杨代喜非常勤劳,想利用漫山遍野的茶园和水田摆脱贫困,便抓住何家儿子为吸食鸦片变卖土地的机会,趁何家兄弟犯烟瘾着急变卖水田,以家贫无力购买为由,只买了靠近水源的一小块地。何家卖掉了靠近水源的小块田地,致使大片的水田因为没有水源无人购买,最后只好贱卖给杨代喜。

房屋传承到何南民的孙子辈何光春手里时,何家的田产已经被卖完。何光春最后把何家三栋天井大院也卖给了杨家。杨家拥有的土地迅速增加,加上老茶园、新茶园,杨家成为茶园坡的茶叶大户。杨家大屋除了有祠堂、书院,还有制作宜红茶的加工场地与晒场。2019年,据杨代喜的后代88岁的杨其森回忆,他见过宜红茶商人来此收购红茶;土地革命时期,红军曾在杨家大屋住过,这附近还发生过几次战斗,在这里发现过若干子弹壳。

9.4 杨家经楼

杨家经楼位于鹤峰县中营镇何家村三组,中心地理坐标为北纬30° 01′ 21″,东经110° 03′ 38″,海拔约986米。经楼为木质结构,正屋三大间,在第二间前又起一间,建两层吊脚楼,第二层由第一层屋顶瓦面升出,一层、二层均为翘檐亭台式楼阁建筑。正屋长15.4米,进深8.8米,经楼为方形,边长6.4米。

杨家经楼是茶园坡杨氏家族杨锡明所修。杨锡明生于清朝末年,一直信奉鬼谷先生。茶园村附近有一座九连山,山上有庙,茶园村和下坪乡云蒙村距离很近,传说鬼谷先生出自云蒙村。杨锡明便将鬼谷神像请到茶园村杨家大屋,为鬼谷先生诵了两三年经后,又在何家村修了经楼为鬼谷先生诵经。经楼修好两三年后,他又将鬼谷神像迁到云蒙山,在云蒙山修庙,穿起袈裟,当了和尚。云蒙山新建的庙宇非常红火,香客络绎不绝,满山挂红。

杨家经楼

20世纪40年代,庙宇被烧毁。杨锡明在五峰重新建庙,继续当和尚。新中国成立后,杨锡明回到了老家何家村,居住在自己建的经楼中。经楼现由杨锡明的孙子杨年权继承,保存状况良好。

杨家经楼远景

9.5 李家祠堂

李家祠堂位于鹤峰县走马镇金岗村三组,中心地理坐标为北纬29° 50′ 30″,东经110° 29′ 54″,海拔约743米。房屋建于清同治年间,坐北朝南,中轴对称布局,有前厅、正屋,均面阔14.6米,进深分别为7.2米、4米,占地660平方米。房屋采用长方形、"两进一天井"的形式布局。这种布局形式是鄂西南地区宗祠建筑的重要特色。房屋为单檐硬山灰瓦顶,砖木结构二层楼,前厅穿斗式构架,正屋明间抬梁式构架,两山穿斗式构架。山墙设有侧门,李家祠堂两侧封火墙以青砖淌白空斗的方式砌筑,墙体外表面抹白灰,墙上有形态各异的墨线彩绘,室内梁、坊等部位雕饰有花草、瑞兽等图案,集中体现了当地传统建筑艺术,具有较高的艺术价值。该祠堂是鹤峰县唯一一处保存较好的古建筑,体现了清代以来本地域的建筑风格及建筑工艺。

1986年,李家祠堂被鹤峰县人民政府公布为第一批文物保护单位;1994年,被恩施土家族苗族自治州人民政府公布为第二批文物保护单位;2008年,被湖北省人民政府公布为第五批文物保护单位。

李家祠堂

9.6 所坪唐氏老屋

　　所坪唐氏老屋位于鹤峰县走马镇周家峪村二组所坪老街中段,中心地理坐标为北纬29°52′55″,东经110°30′18″,海拔约797米。房屋坐北朝南,为悬山顶穿斗结构板装瓦房,四扇七柱六棋(含看柱),面积160平方米。外屋檐为卷篷造型,柱头下的石柱础雕刻精美,明间中堂后壁上的神龛为三重檐雕花,造型美观,与下面的神柜相互辉映。房屋内尚存有木质桌、柜、椅、凳以及天灯等当时的物品。现房屋属村民唐传明、唐传桃兄妹二人所有,两人各占一头,以中堂居中划分,东头为唐传明在原房屋基础上新配的一扇房屋。

所坪唐氏老屋

9.7 杉树坪药店

杉树坪药店位于鹤峰县燕子镇新行村一组杉树坪，中心地理坐标为北纬29°57′13″，东经110°11′25″，海拔约1076米。房屋坐北朝南，为悬山顶穿斗结构板装瓦房，四扇三间，面积约91平方米。现存两扇一间，面积30平方米，屋基高1米，均为条石垒砌。

杉树坪药店为向家先辈向世传所开，又名向家药铺。因为药铺位于鹤峰至五峰骡马路边，常有骡客及过往商人来此求医问药，所以药铺成为往来客人休息的一个小站。据在向家药铺西20米处的向世传墓碑可知，向世传出生于清嘉庆八年（1803）八月，自幼随父亲向耀先学习医术，后在杉树坪开设向家药铺，因医术精湛，在燕子、清湖、溪坪、桃山、东乡、杨柳一带享有盛誉。

杉树坪药店

十、古遗址

10.1 容美土司南府行署遗址

　　容美土司南府行署遗址位于鹤峰县五里乡南村村三组，东至连三坡杀人坑，南临325省道边缘，西抵南村村余家桥，北至麻王寨山麓，面积5000平方米，中心地理坐标为北纬29°54′16″，东经110°17′59″，海拔约946米。

　　南府最早由麻寮土司于元至正二十四年（1364）前修建，是麻寮土司的衙署，后来被容美土司占有，成为容美土司南府。容美土司南府是容美土司在麻寮土司南府基础上修建的外府，既是土王行宫（以处理五里坪、六峰、湾潭、大面等地事务），也是南下宜沙、石门、慈利等地的中间站。南府是容美土司五府（中府、爵府、帅府、北府、南府）之一。

　　遗址内尚存有行署遗址、张桓侯庙、燕喜洞、石拱桥、上马凳、石板桥、古道等。遗址所在台地共有7层，发掘前地表种有苞谷、茶叶、红薯等农作物。第一、三、四层台地上建有居民房屋。第三、四、五、六层台地上分布有清代晚期墓葬。第四层台地上有大量瓷片、砖瓦碎片、柱础、台基陡板石等遗存。人们在发掘清理后，发现水池1座、水沟4条、房屋墙基痕迹2条、器物标本15件。

南府行署遗址

南府行署遗址天井

10.2 张桓侯庙遗址

张桓侯庙遗址位于鹤峰县五里乡南村村三组庙岭上，四周险峻，中心地理坐标为北纬29°54′09″，东经110°17′49″，海拔约941米。原为石木建筑，呈长方形，坐西朝东，面积800平方米。建庙时间不详，目前仅残存有抱鼓石、柱础、墙基、门柱等。

清康熙年间进行过修缮，其功德碑尚存。碑上记有捐款者姓名及捐款额。顾彩在《容美纪游》中曾这样描述张桓侯庙："庙有楼，极弘敞，八窗洞达，清流襟其前，高峰峙其后。楼前桃树七八十株，一时开放。"顾彩还以"张桓侯庙"为题，赋诗一首：

张侯新庙枕长溪，落日孤悬碧嶂西。

忠勇竟扶昭烈祚，义风高与寿亭齐。

千秋似见云旗卷，五夜常闻铁马嘶。

吴蜀到今俱泯灭，独留英爽待标题。

张桓侯庙在20世纪50年代仍有当地村民居住，在1963年失火后被废弃。土司时期通行的道路只有部分保留下来，现通往遗址的道路多是百姓生产劳动的小路。湖北省文物考古研究所来此清理之前，遗址地表为茶园，建筑台基及台基包边石在茶园里清晰可见，柱础、门鼓石、天井、门柱、碑座等遗存散落于地。鹤峰县文物部门为加强保护管理，将该遗址核心区的土地流转，并把散落周边的碑刻集中放置。

张桓侯庙遗址

张桓侯庙庙门

10.3 燕喜洞遗址

燕喜洞遗址位于鹤峰县五里乡南村村三组、南府遗址西侧庙岭山腰处，中心地理坐标为北纬29°54′12″，东经110°17′48″，海拔约930米。原属天然石灰岩溶洞，为当地人避寇所用，后在土司时期经人工改造，为土司所用。

燕喜洞洞内

燕喜洞又称僧庙洞，洞口偏西南。洞内面积约2000平方米。洞口用条石、块石垒砌成弧形拱门，门高1.83米，宽0.87米，厚0.75米。门上有木质过梁1块，原洞门上的题字为田舜年手迹。

距洞口7米处开始向下斜进，洞壁上凿有方形灯盏窝。洞内有岔道，深难测，有伏流。顾彩受容美土司之邀游历容美时，曾到南府游览过燕喜洞。他在《容美纪游》中写道："其北有岩洞，名燕喜，深十余里，外窄内宽。土人避寇，常聚居其中，今则空洞无物。"顾彩还赋诗一首：

谁凿青山腹内空，下临幽邃上穹窿。

悬縆直入深无底，秉烛潜行路忽通。

千古未曾分昼夜，万家兼可避兵戎。

祖龙一炬当时烈，恨不藏书向此中。

燕喜洞洞口

　　下附湖北省文物考古研究所、鹤峰县博物馆编著的《容美土司遗址》中有关南府的记载：

　　南府是容美土司东南重镇，是自湖南省进入土司境内的第一个重要政治、经济、军事中心。麻寮土司始建南府，作为一个防御容美土司等洞蛮侵略的重要军事要塞。明初容美土司侵占南府后，可能将其作为容美土司继续东征的桥头堡。明朝中央政权稳定后，六次征讨容美土司，迫使其转变向外扩张的军事掠夺的政策。

　　明永乐五年后，容美土司由向外扩张的军事掠夺政策转为开始向明中央政府进贡贸易的和平政策，南府作为军事要塞的地位开始转变，这种转变是随着对外商贸经济的发展而逐步转变的。南府作为和平地区的边境军事要塞地位是逐步衰落的。汉土贸易的发展，尤其以"峒茶"为代表的容美土司特产的畅销，吸引了大批来自湖南汉地的商贾，南府作为面向湖南方向的对外战争前沿的军事要塞，自然而然地转变成为重要的商贸集结点，区域经济中心的作用日渐突出。南府逐渐成为容美土司东南地区的经济政治中心，在清初第二十二任土司田舜年时期达到顶峰，开始大规模重新营建南府，修建了包括张桓侯庙在内的寺庙、阛阓等建筑，并被顾彩在《容美纪游》中所记载。

末代土司田旻如统治时期，作为区域政治中心的南府被有意识的废弃。至清雍正十二年（1734）改土归流后，南府作为一个区域政治中心被彻底废弃，但仍然是茶贸易的重要集结点。即使至改土归流后，仍然是鹤峰州与湖南石门等地的重要贸易中心。从张桓侯庙（朝阳观）出土的碑刻内容可知，在清乾隆至咸丰年间仍有大量外地客人来此朝拜，该庙宇的维护、修建也从未间断。

随着19世纪对外茶贸易的兴起，鹤峰县作为宜红茶的源产地，新的万里茶道在原容美土司修建的道路网和集镇的基础上兴起。虽然南府是容美土司道路系统上的重要节点，但功能和地理位置的限制，使其无法得到进一步的发展。因此，作为区域贸易中心的南府最终被地理环境条件更好的五里坪代替，逐渐衰败成一个普通的乡村。

受修建之初的条件影响，南府建设规模较小，人口发展受限，加上位于容美土司统治的边缘区域，其行政地位无法同中府、爵府等核心统治区域相比，其军事地位也无法同为向长阳等地扩张而修建的北府相提并论。但是，经过数百年的经营，尤其在明末清初整体战乱的大环境下，南府未曾遭受过任何战乱和洗劫，加上其作为容美土司对湖南的贸易中转中心和管辖数百平方千米的区域行政中心，也是容美土司东南区域的经济、行政重镇。

虽然是容美土司的经济重镇，但南府区域本身并不是容美境内主要的产茶区，每年的茶叶贸易开始前，对外经济交流较少。当地居民生活方式仍以自给自足的传统农业种植和畜牧为主，以葛粉、药材、桑竹、高粱、牛马、鸡、狗、猪等农牧产品及加工后的酒等为日常生活用品，本身无法生产的油盐醯酱等日常生活用品则缺乏。没有课税，社会安定，百姓尚能在此安居乐业，并一直延续至今。

10.4 下洞长官司遗址

下洞长官司遗址位于鹤峰县五里乡中坪村一组杨家铺，距左阁寺1.5千米，距右角尖2千米，现地面建筑无存，中心地理坐标为北纬29°58′29″，东经110°30′45″，海拔约1092米。20世纪90年代，朱美之购得此地，在修建房屋时，发现了大量青石砖、瓦片、石柱础等建筑构件。这里原属麻寮土司，明洪武七年（1374），建立副长官司，隶属容美宣抚司，至清雍正十一年（1733），治所历经359年。明永乐五年（1407），升长官司。司主由唐氏世袭，历任司主有唐公廉、唐公介、唐公正等。史载永乐十二年（1414），长官唐朝文曾进京贡马，获赐钞币有差。

下洞长官司遗址残存的石柱础

下洞长官司遗址上新建的房屋

166

10.5 五龙山真武庙遗址

五龙山真武庙遗址位于鹤峰县五里乡湄坪村五组五龙山金顶之上,中心地理坐标为北纬29° 48′ 55″,东经110° 15′ 48″,海拔约886米。

五龙山真武庙原为一合井建筑,坐北朝南,面阔20.3米,进深17.8米,建筑面积约361平方米。四周庙墙由不规则的条石垒砌而成,高2.65米,厚0.9米。正面中间为石质大门,雕刻有文字及动物图案,门楣正中有兽面浮雕,门宽1.43米,高2.2米。

真武庙正面大门两边墙体上镶嵌有重修庙宇的石碑两通。据碑文可知,两次重修的时间为清嘉庆七年(1803)、嘉庆丙寅年(1806)。墙内为悬山顶穿斗结构板装瓦房,分前后两进。前进为三柱二棋,一正两横共十扇七间,中间为石砌天井,长5米,宽7.75米,深0.3米。天井正中残存一尊石质香炉,通高0.6米。木房内另放置两块嘉庆年间石碑。后进为两扇一大间(为现代重修),内有原石质祭台和木雕菩萨。

明朝末年,四川峨嵋山道人范一真带领寺院禅师彭芝伯、文公道人鲁合庭来此选址,并在五龙山最高峰修建寺院。这里曾一度香火旺盛。每到盛会之日,必有数百人之众,平常也有百人以上,后渐冷落。20世纪80年代,容美镇习武爱好者洪家良率数十弟子驻扎此地,维修庙舍,在此练武两年后弃庙离散。

五龙山真武庙遗址

五龙山真武庙遗址天井

10.6 土司戍堡遗址

　　土司戍堡遗址位于鹤峰县五里乡三路口村毛家堡老屋场，距大隘关2.5千米，是土司时期鹤峰到湖南泥市的交通要冲，中心地理坐标为北纬29°54′56″，东经110°25′58″，海拔约1244米。现存遗址呈长方形，长16.8米，宽10.8米。

　　清康熙四十三年（1704），顾彩千里迢迢赴容美，在土司戍堡篝火燎衣，月下吟诗，作《上大隘关二首》。他在记述进入容美第一夜的情景时写道："入夜，忽天宇澄霁，月明如昼，山翠欲滴，玩月久之始睡。"

　　改土归流后，三路口成为较早得到开发的地方。1950年至1951年，这里曾成为中国人民解放军的驻防地，有一个班驻接龙桥执勤。

土司戍堡遗址天井

10.7 全氏粮行遗址

全氏粮行遗址位于鹤峰县五里乡五里村义秀街，中心地理坐标为北纬29° 53′ 40″，东经110° 20′ 34″，海拔约1088米。全氏粮行原为五柱四棋四扇三大间，每间房屋宽5米，进深5米。在1990年修建义秀街时被拆除，最后一任主人为全南山。

五里全氏粮行历经清乾隆、嘉庆、道光、咸丰、同治、光绪、宣统七代，经民国一直到新中国成立初期公私合营时期才关闭，历时200多年。全氏粮行的诞生可追溯到清雍正十三年（1735）的改土归流，鹤峰州首任知州毛俊德希望以宗教信仰教化人民，在鹤峰境内广修庙宇。当时的五里

全氏粮行遗址

坪虽有紫荆关庙、南府张桓侯庙，但距五里坪街中心都有几里甚至十多里路，于是当地首士和乡绅们倡修龙珠寺。他们将地址选在衙门堡山麓，即现在的五里小学内。修庙经费主要靠化缘来筹集，当时便有全大文、全大勇到施南府各县市化缘募捐。一去几载，两人终将修庙善款募齐。在龙珠寺庙修成时，全大勇因积劳成疾，客死他乡；而全大文亦年老体弱，口食难糊。于是，五里街坊、乡绅为了报答全氏兄弟的募化功德，便议定五里街上的粮食行只准全家开设。凡到五里街上交易粮食者，必在全氏粮行进行，每斗杂粮取钱二文，每挑大米取米一升。全家一代一代如此经营到光绪年间时，已经是全大文的第六代孙全光清。此时，五里乡民众议兴办紫荆学堂，兴办学堂亦是大好事，关系到子孙后代。但是，当时办学堂没有上级拨付款项。于是乡绅们议定在五里街上另开一家粮行，所得盈利全部用于兴办紫荆学堂，并将此议写成书面请示，上报宜昌府鹤峰直隶厅厅长王惟球。王惟球为钦加四品衔正任

宜昌府监督府代理鹤峰直隶厅厅长。全光清知悉此事后，赴宜昌找到了王惟球，将全氏粮行的开设情由说了个清楚。

王惟球听后认为，当时议定开设全氏粮行是为报答全氏祖先积德行善的一项善举工程，而且粮行也是经前宪毛牧备案并批准开设的，于是决定粮行由全家继续开设，但要求全氏粮行将赚得的钱拿出来一部分做公益事业。全光清答应每年给紫荆学堂提供办学经费十二串。王惟球还因此事发布了告示：

　　钦加四品衔正任宜昌监督府代理鹤峰直隶厅王为崇晓谕事，照得五里坪粮食行由全光清开设，经首士禀请另开公成义官行，抽取行用作学堂经费，仍用全姓为经纪业主，各前州批准遵办在案。兹据全光清禀称，为势处两难，恳恩作主批示，事情因五里坪保向系荒僻，改土归流无寺观，民曾祖全大文、大勇始在本市创修龙珠寺，经费不足，文募化施南府各县，（大勇）以尸骨埋葬异域，又将产业作住庙口食，后文年老日食难度，公恳前宪毛发示开设大米杂粮行买卖，每斗各取用钱二文，每挑大米壹升，开设六代，地方怜民祖募化功德之苦，于庙内设立文、勇木主牌位，因示遭回禄告示被焚，于前宪谢经绅首禀开公行复述温宪饬民，每年缴稞钱捌串照旧开设。杨宪因书院经费不敷实，兴百货厘金，至徐宪专人办理，饬民同开提谷米行，用一半以作书院用费，去岁粮食用钱合计二十余千之谱，火食尚有不足，现今仁宪荣莅，不放擅开，每逢一四七厂期，间有卖谷米者，却则不能开，恐获咎。或照温宪呈缴或遵徐宪同开，俾民有所遵从，为此哀恩台前赏准作主批示施行等情，据此除批卷查此案，曾据生员王首乾于谢署州任内具控该民无帖私开牙行，本于例禁，既经从宽断令，该民于公成义官行内稞出一半开设分行，每年派认稞钱二十四千以作紫荆书院官稞奖赏等因，嗣后又于温前州任内该民具禀因无力缴稞，自愿将分行收歇，复又违示私开，经温前州衡情酌断，官行分行各认捐书院稞钱十二串等因，历经遵办在案，本厅不为已甚……①得加恩从权……禀情……况紫荆书院……即出具切结……完纳，毋稍因循致……示

---

① 因底稿残缺、漫漶不清，缺字皆用省略号表示。

外合行出示……五里坪居民商贾人等一体知悉，嗣后五里坪粮食行准由全光清开设，照章每年缴稞钱十二串具限完纳，自示之后，凡买卖粮食，务各公平交易，照章取用，倘有不逞之徒，出头滋闹，一经告发，定即拘拿到案，从严究办，决不姑宽。各宜凛遵毋违，切切特示。

右仰通知

光绪二十一年三月初六日

告示

实贴五里坪粮食行

到了民国时期，五里粮行仍由全家开办，此时粮行名为"全广源粮食行"。针对该粮行的合法经营、照章纳税、买卖公平及保障经营秩序等事宜，鹤峰县知事兼督军公署军法官徐某又发了一份告示：

鹤峰县知事兼督军公署军法官徐为先行给示俾便营业事案，查鄂省重订牙税捐章程第十七条之规定，凡领帖牙行须由县署转详。

财政厅颁……告示一道，裱糊张挂方准营业，如查无布告者照章处罚等因遵奉在卷，兹据……全达海遵章纳捐，请领，偏僻下则牙帖在谕……五里坪保开设牌名全广源粮食行，并取具族邻及同行甘保各结前来除批示照准，并据情转详。一俟财厅布告暨部帖颁发下县，再行发给该行商裱糊张挂，藉资信守外合先给示暂准营业，为此示仰该行商，即便遵照章程开贸，对于买卖客户务须按照时价定市，勿得任意高抬，各客户亦不得故意为难致起争论，所有应取行用须照各老行一律抽取，不准格外苛索浮收，各色人等尤不准肆行阻挠、妨害市面。毋违，切切特示。

右仰通知

中华民国十三年九月拾三日

告示

实贴全广源粮食行晓谕

全氏粮行在五里长达200多年的经营从侧面反映了五里人积极向善的精神风貌。只要有人为公益事业做出了贡献，人们就会公议对其进行救助，历经朝代变更而不毁。当地人们的这种报答方式也得到了政府的首肯，并发布告示予以确认。告示明确规定："遵照章程开贸，对于买卖客户务须按照时价定市，勿得任意高抬，各客户亦不得故意为难致起争论，所有应取行用须照各老行一律抽取，不准格外苛索浮收，各色人等尤不准肆行阻扰、妨害市面。"这些措施保障了为公益事业做出贡献的人能在一方合法经营，至今仍有借鉴意义。

10.8 麻寮所遗址

麻寮所遗址位于鹤峰县走马镇所坪，中心地理坐标为北纬29°52′58″，东经110°30′11″，海拔约758米。所坪前身称"车儿坪"，明洪武二年（1369），刚刚被尊为荣阳寨主的唐涌"纳土归附，敕赐铁券"，归顺明朝，改土司为卫所，选址车儿坪，设卫所衙署。土司演变为九溪卫属下千户巡捕所，主要任务是"外捍慈（利）、石（门）、九（溪卫）、永（定卫），内控容美、桑植十八土司"。车儿坪因为卫所的建立，更名为所坪。

麻寮所图(《岳州府志》)

据相关文献记载，今鹤峰县五里乡南村村就是最早的麻寮治所，在被墨施什用攻占之后，才成为容美土司之南府。麻寮土司共经历三次迁徙，第一次是从南村村迁到五里坪唐家村，第二次是迁到今三路口东北的麻王寨，第三次是迁到花桥、所坪一带。

麻寮所所城约建于明洪武九年（1376），城墙长1383米，高2.67米，由卵石垒成，设土门1个，有署所28间，前有华表2根，高约5米，由两截麻条石联立。北以云阳寨为屏障，环抱麻寮山，东西两端有悬崖相接，形成天然屏障。经过三次迁徙，基本固定了与容美以大隘关为疆界的分水岭。康熙《慈利县志·城池》"麻寮所"下记有"设十隘"。十隘即梅子隘、樱桃隘、九女隘、曲溪隘、山羊隘、青山隘、靖安隘等十隘。惟青山隘设八方园，在关内（今五里乡青山村一带）。靖安隘是十隘之中最大的隘，设4名土官、8名总旗。十隘共辖军丁1370余户，而靖安隘不下300余户。

所坪遗址留存的大量文物大都被各级文物部门征集收藏，如汉满文碑刻、古铜钟、容美土司时期的牌匾等。由于多次公路建设、农田改造、民居大规模迁址，所坪遗址被严重破坏。

麻寮所遗址

十一、古石刻

11.1 红茅尖摩崖石刻

红茅尖摩崖石刻位于鹤峰县燕子乡桃山村六组八道拐处，中心地理坐标为北纬29°57′27″，东经110°16′46″，海拔约1349米。同一块石壁上有三处摩崖石刻，东侧石刻长1.26米，宽0.65米；中间石刻长1.05米，宽0.6米；西侧石刻长1.42米，宽0.61米。以上三处石刻均刻有"红茅尖"字样，材质皆为暗红色石灰岩，楷书阴刻，为清乾隆三年（1738）所刻，记载了乾隆年间鹤峰州知士李林主

红茅尖摩崖石刻

持重修红茅尖道路一事。红茅尖摩崖石刻基本保存完好。

从三斗坪往下约五里地即红茅尖,从百顺桥上山逼陡大坡,顺转八个大拐才可到顶。清雍正十三年(1735),第一任知州毛峻德在此岩壁上书写"红茅尖"三个大字。第五任知州李林出资购此坡为公,鸠工改造八大拐道路,完工后亦手书"红茅尖"三字,请石匠摩崖刻石。红茅尖山坡上至今仍保留有多方刻有"红茅尖"三字的摩崖石刻。鹤峰苏区第三次反"围剿"时,县委、县游击大队在红茅尖设伏,成功阻击了国民党追兵,为湘鄂边特委机关向鹤峰县城转移赢得了宝贵时间。

红茅尖不仅是一处优质的茶源地,而且是鹤峰通往五峰渔洋关、宜都的必经之地,是容美土司改土归流前后官方及茶商十分关注的茶叶运输道路节点。红茅尖因为地势险要,也是一处军事要塞。

三处石刻上的文字分别为:

石刻一

题:乾隆岁次戊午

正文:红茅尖

跋:中都毛峻德刊志

石刻二

题:岁丙子□□乾隆二十□□□□钟月谷旦立

　　地主付国富　萧□□　向□□

正文:红茅尖

跋:知鹤峰州事李林重修道路

　　署戎厅事施凡恺监督

石刻三

正文:红茅尖

跋:□□□□□

11.2 百顺桥碑

百顺桥碑位于鹤峰县燕子镇百顺村百顺桥东南岸、原百顺桥遗址南侧，现隶属于宜昌市五峰县湾潭镇锁金山村二组，系容美土司田舜年修建。清乾隆五十三年（1788），原百顺桥因遭山洪冲击垮塌，于清道光二十八年（1848）得到重修，后又毁于1937年。

百顺桥碑通高1.96米，宽0.86米，厚0.23米，上为圆弧形，碑文楷书阴刻，有"百顺桥"三个篆体大字，均用阴线勾勒，碑文从左至右共23行，2000余字，左边脱落尤为严重。碑文的前面部分记载了清康熙二十七年（1688）田舜年在水泥、百益、五峰、石梁等处的经略，以及田舜年在康熙二十八年（1689）十月至

百顺桥碑

康熙二十九年（1690）春率随员进京晋见皇帝后返程，回司域后寻矿、修路、建桥的经过；碑文的后面部分记录了容美土司部分下属的姓名、官职等。

11.3 九峰桥碑

九峰桥碑原立于鹤峰县容美镇张家村九峰桥桥北，现保存于鹤峰县博物馆内。该碑通高1.45米，宽0.59米，厚0.33米，碑身圆首青石质，碑中竖书"九峰桥"，两侧楷书阳刻，碑文记修桥捐资造立者人名，为清乾隆二十五年（1686）容美土司田舜年所立。

九峰桥碑及拓片

11.4 彪炳千秋碑

彪炳千秋碑原立于鹤峰县容美镇张家村九峰桥桥北、九峰桥碑旁，现保存于鹤峰县博物馆内。该碑为1927年所立，通高1.31米，宽0.54米，厚0.16米，碑文楷书阴刻，记叙了修建九峰桥的相关信息。

彪炳千秋碑

堰坪功德碑

11.5 堰坪功德碑

堰坪功德碑位于鹤峰县容美镇唐家铺村堰坪一农户的田地中、古茶道2号线路唐家铺至石龙洞段附近。该碑立于一天然大石中，由石榫嵌入，深度不详，通高1.5米，宽0.7米，厚0.1米，南北向，碑体保存完整，正面碑文风化严重。

11.6 铁锁桥碑

铁锁桥碑原位于鹤峰县容美镇屏山村二组,现保存于鹤峰县博物馆内,共有三通。第一通碑(从右至左)高1.44米,宽0.72米,厚0.2米;第二通碑高1.2米,宽0.72米,厚0.26米;第三通碑高1.28米,宽0.71米,厚0.27米。碑文皆为楷书阴刻,记叙了屏山铁锁桥修建的起始、维修经过和相关捐款修桥人员,为清光绪二十二年(1896)所立。

1969年,铁锁桥已腐朽不堪。次年,鹤峰县交通局拨款12000元,在原址上修建石拱桥。

铁锁桥碑

11.7 天然桥碑

天然桥碑位于鹤峰县容美镇新庄村二组。该碑通高1.37米,宽0.61米,厚0.19米。碑首顶角斜切,浮雕双龙戏珠。碑身中部线刻行书"天然桥"三个大字,两边为楷书阴刻。该碑为清康熙五十四年(1715)所立。天然桥横跨溇水河,连接观音坡和屏山爵府,为末代容美土司田旻如所建,现已损毁。

天然桥碑

堰湾功德碑

11.8 堰湾功德碑

堰湾功德碑位于下坪乡上村村五组堰湾朱定国房屋右侧的菜地里。此处属古茶道3号线路上村段。该石碑由石榫嵌入一原生大石中,深度不详,石榫宽0.35米,厚0.13米,石碑通高1.75米,宽0.87米,厚0.13米,南北向,碑体保存完整,正面碑文风化严重,仅碑头可辨识出"日万古流芳月"六字。

11.9 碑坡功德碑

碑坡功德碑位于鹤峰县容美镇麻旺村二组碑坡、古茶道2号线路卡坊段附近，因清道光十八年（1838）重新维修古道而立。碑高1.42米，宽0.76米，厚0.13米，青石质，碑首刻"永垂不朽"，碑文记述了当时的捐款情况。

碑坡功德碑

庙垭功德碑

11.10 庙垭功德碑

庙垭功德碑原位于鹤峰县容美镇麻旺村二组庙垭、古茶道2号线路卡坊段附近，现保存于鹤峰县博物馆内。碑通高0.8米，宽0.48米，厚0.12米，方形平碑首，碑首刻"众修功德"，为清光绪二十八年（1902）所立。由于卡坊段道路是鹤峰茶叶运输的主要道路，因此碑文记录了捐修者的姓名和捐款金额。其中还有当时著名的泰和合茶号捐款的记录。

11.11 大长湄功德碑

大长湄功德碑位于鹤峰县燕子镇燕子村六组,碑通高0.88米,宽0.5米,厚0.17米。该碑为清乾隆四十一年(1776)六月初六重修此条道路时所立。虽然碑文已模糊不清,但依稀可见有关当时修建古道募捐情况的文字。

大长湄功德碑

瓦桥沟功德碑

11.12 瓦桥沟功德碑

瓦桥沟功德碑位于鹤峰县走马镇周家峪村一组,因修建此古茶道上之"瓦桥"而立,现已残缺不全,仅存部分宽0.85米,高0.95米,厚0.2米。虽然碑文已不完整且模糊不清,但依稀可见有关修建古桥募捐情况的文字。

11.13 万寺坪功德碑

　　万寺坪功德碑位于鹤峰县铁炉白族乡万寺坪村一组亮垭子。此地为古茶道1号线路出县境通湖南省的必经之处。万寺坪功德碑共有两通，第一通碑（从右到左）通高1.24米，宽0.7米，厚0.11米，碑首刻"功垂万古"；第二通碑通高1.28米，宽0.63米，厚0.1米，碑首刻"永古流芳"。两碑为清乾隆四十六年（1781）所立。

万寺坪功德碑

11.14 大隘关汉土疆界碑

大隘关汉土疆界碑位于鹤峰县五里乡三路口村大隘关。碑身上半部分残缺，残高0.66米，宽0.64米，碑厚0.12米，碑座埋于泥土之下，由于自然侵蚀，碑面字迹多模糊不清，仅有几十个字可以辨认，其中"文武官兵""康熙三十二年""容美司申称职司自大隘关"等字样较为清晰。碑旁有一块相同石质、雕有龙纹的石构件，似碑帽残件，上面有八行竖排的文字。

大隘关汉土疆界碑

11.15 庙垭遵示禁令碑

庙垭遵示禁令碑位于鹤峰县容美镇麻旺村二组庙垭。碑通高1.4米,宽0.76米,厚0.12米,青石质,长方形,碑首顶角斜切,刻有"遵示严禁"四个大字,为行楷阳刻,碑文为楷书阴刻。该碑立于清道光二十二年(1842)。

庙垭遵示禁令碑

马家堡禁令碑

11.16 马家堡禁令碑

马家堡禁令碑位于鹤峰县走马镇官鼎村马家堡。碑通高1.53米,宽0.77米,厚0.2米,为灰白色石灰岩质。碑面保存较为完整,字迹清晰,碑首顶角斜切,刻有"奉示严禁"四个大字,为行楷阳刻,碑文为楷书阴刻。该禁令碑立于清代,具体时间已不可考。碑文的内容主要是严禁村民私自进山砍柴砍渣,以保护生态环境。

11.17 田家渡功德碑

　　田家渡功德碑原立于鹤峰县走马镇九洞村。后来，因江坪河水电站库区蓄水，走马镇一户人家担心功德碑会被淹没，便将其转移并保存起来。田家渡功德碑共有两通，第一通碑通高1.42米，宽0.7米，厚0.06米，碑首刻"众修功德"，碑文记捐资造立者姓名；第二通碑通高1.24米，宽0.66米，厚0.05米，由石榫嵌入，碑首刻"众修功德"，碑文记捐资造立者姓名。两碑均为清道光四年（1824）所立。

田家渡功德碑

十二、古墓葬

12.1 田九龄墓

田九龄墓位于鹤峰县中营镇锅场湾村四组，中心地理坐标为北纬29° 57′ 04″，东经109° 58′ 44″，海拔约953米。该墓为清乾隆二十九年（1764）所建，坐西北朝东南。墓前立有两通石碑，碑一残高0.75米，宽0.5米；碑二通高1.3米，宽0.76米。田九龄墓冢毁于20世纪80年代。在被盗掘后，大量墓砖被运走转作他用，目前仅剩两通石碑及墓冢基址。1986年，鹤峰县博物馆将倒塌的两通石碑运往博物馆收藏。2021年3月，鹤峰县文化遗产局（鹤峰县博物馆）实施田九龄墓保护工程，在原址基础上修缮了田九龄墓冢及墓碑。

田九龄，字子寿，明嘉靖年间容美宣抚使田世爵第六子，田氏诗派开山鼻祖，自幼聪敏好学，博览强记，才华出众。他一生作诗很多，原有诗文20卷，均毁于兵灾和内乱。其五世重孙田舜年收录他的诗集，只得七、八两卷的一半，经过挑选，仅剩七言律诗58首、七言绝句47首、五言绝句8首，共113首，依原名《紫芝亭诗集》刻录于《田氏一家言》中。其中就收录了《新构茶墅》《寄茶墅作》《茶墅》等有关茶的诗作。

田九龄开容美田氏一代诗风，之后田氏诗人相继迭起，代不乏人，风格各异，构成土家族容美田氏诗人群。

修缮后的田九龄墓

12.2 茶商遗孀徐氏墓

徐氏墓位于鹤峰县五里乡三路口村接龙桥,中心地理坐标为北纬29°54′51″,东经110°25′59″,海拔约1197米。墓碑为清同治十年(1871)所立,坐西南朝东北,通高1.6米,帽宽0.94米,碑面高1.16米,宽0.53米。墓葬被后人修缮,现保存较完好,旁有其小姑——龚经玉之妹墓葬。

据龚氏族谱记载,进山始祖母徐氏,土家族,清乾隆四十年(1775)十月初四生于湖北宜昌府鹤峰州三路口徐家坪。后于三路口与茶商龚经玉结识成婚,定居龚氏祖籍地湖南安福(今临澧县)。清嘉庆初年,澧水泛滥,瘟疫流行,经玉英年早逝。嘉庆九年(1804),徐氏携长子绍甲(8

徐氏墓

岁)、次子绍弟(1岁)跋涉400余里,定居娘家故里三路口接龙桥桥头,倾囊置产,垦荒谋生,抚养二子,为夫守节,终未再婚。长子绍甲独身,早逝。绍弟成年后,娶五里南村人覃氏为妻,生子祖缙、祖绅。祖缙业业有成,官至登仕郎。徐氏于清道光十九年(1839)五月十九日病故,葬于三路口毛家垴(现名杨家垴)。因德淑贞静,婆媳和睦,受乡邻称誉。

龚经玉,传贵第三子,字殷彩,乾隆二十五年(1760)十月十三日生于湖南安福博二里祖居地。少时入学,成年经商,受雇于泰和合茶号,往返于安福、石门、鹤峰、宜都等地,经营茶叶收购、加工及贩运,在三路口结识徐氏,后于安福完婚,生子绍甲、绍弟。嘉庆八年(1803)十月十一日病逝,时年43岁,葬安福鲍家台。

12.3 刘厚菴墓

刘厚菴墓位于鹤峰县走马镇花桥村二组阳湾青龙嘴,中心地理坐标为北纬29°53′09″,东经110°28′21″,海拔约859米。墓碑立于民国时期,碑面高1.75米,宽0.75米。1967年,坟墓被毁,墓碑被拆来搭建在附近水沟上作桥面,后被刘氏后人刘贤余迁往刘家垭村二组,立在刘厚菴长孙刘治隆墓旁。

刘厚菴(1834—1902),四川蓬溪县人,清光绪辛巳年(1881)至壬寅年(1902)任鹤峰州山羊司巡检。刘厚菴接到任命后,自四川蓬溪出发,沿江而下,经重庆过三峡从宜都渡江,沿古茶道赴鹤峰上任。他与林紫宸、卢次伦的关系错综复杂,曾反对林紫宸开采铜矿,与卢次伦因贩茶而交往密切。

刘厚菴任山羊司巡检时,鼓励农桑,倡修茶道。相传兴隆街下街头古石拱桥为其倡导修建。

刘厚菴墓

12.4 张应魁墓

张应魁墓位于鹤峰县走马镇花桥村三组城墙口,中心地理坐标为北纬29° 53′ 45″,东经110° 33′ 32″,海拔约843米。该墓为清嘉庆年间墓,坐西北朝东南,墓长4.1米,宽4.4米,墓冢高1.2米。墓碑宽0.85米,高1.69米,碑面完整,字迹清晰。虽然墓撑条、碑框倒塌,墓葬罗围部分破损,但仍清晰可见墓葬完整规格。古墓10米以外有家族墓两座,均为清嘉庆年间墓。由碑文可知,张应魁为清乾隆至嘉庆年间人,祖籍石门,后搬至走马、五里一带居住,从事茶叶贸易。

张应魁墓碑

12.5 部氏墓

部氏墓位于鹤峰县中营镇梅果湾村二组烧箕洼、古茶道中营至神仙茶园段附近,中心地理坐标为北纬30°01′43″,东经109°58′12″,海拔约1361米。该墓葬坐北朝南,其前墓碑高4米,其罗围岩分三级,宫殿式的角脊一直延伸至墓尾,通高3.25米,宽5.2米,墓进深4.83米。罗围前段宽2米,高0.83米;中段宽1.73米,高0.95米;末段宽2.2米,高1.2米。

部氏为元朝末年迁移到鹤峰的蒙古人。这部分蒙古人为躲避明军追杀,在此地隐姓埋名,将姓"波尔济济特"改成部落的"部"。此墓为部氏迁入鹤峰后第五代部上前夫妻合葬之墓,墓葬形制特别,规模较大。墓碑主要记述了其开辟茶园,以茶从商,"不堪农工始业商道"等内容。迁移到鹤峰的这支蒙古族人世世代代保留了种茶、采茶、制茶、饮茶的习惯,因此部氏墓葬碑刻大都有与茶礼俗相关的内容或纹饰。

部氏墓

12.6 陈太金墓

陈太金墓位于鹤峰县中营镇韭菜坝村冷草塘,中心地理坐标为北纬11°00′14″,东经30°05′58″,海拔约1682米。该墓墓碑高4.4米,宽3.2米;墓墙宽5.5米,共三层,由37件石料拼成。陈太金后人遵循其遗愿,将其葬在大路旁,以保护来往的马帮。

陈太金,湖南石门人,鹤峰州科考进士,不愿为官,与周大华在韭菜坝开办学校,教书育人,还与殷学易、周大华一起资助当地梁玉莲母子。他利用当地产麻的自然优势,兴办布坊,染布制衣。当地人黄家扬、何大群、吕之榜、李大全、吴崇峻等皆在布坊就业。因其学堂生生不息、布坊红红火火,鹤峰知州在参观学堂和布坊后,将韭菜坝命名为"九才之坝"。

陈太金墓

12.7 唐开槐夫妇墓

　　唐开槐夫妇墓位于鹤峰县下坪乡堰坪村七组墓笼，中心地理坐标为北纬 30° 00′ 28″，东经 110° 06′ 12″，海拔约 720 米。墓冢为园丘状，坐西南朝东北，长 6.6 米，宽 5 米。罗围用三层麻条石砌筑，高 0.85 米。主碑高 1.8 米，宽 1.1 米，两侧碑均高 1.4 米，宽 0.8 米，首额有浮雕二龙戏珠图案，两端有浮雕缠枝花卉、狮子、人物，下部有浮雕香炉及寿字的插板。右碑文记述了唐公生平，左碑文主要记述了以修身养性为目的的茶道。该墓是鹤峰县境内已发现的规模较大、形制较好的古墓葬。

唐开槐夫妇墓

十三、非物质文化遗产

13.1 宜红茶制作技艺

鹤峰茶区历史悠久，不仅在恩施土家族苗族自治州和湖北省有很大的影响，在全国也是古老的茶区之一。茶圣陆羽曾在《茶经》中把这里的茶叶列为山南茶之首。早在土司时期，这里的茶叶就已成为进贡皇帝的珍贵茗品。《续修鹤峰州志》载："容美贡茗，遍地生植，惟州署后数株所产最佳……味极清腴。取泉水烹服，驱火除瘴，清心散气，去胀止烦，并解一切杂症。"

据资料记载，鹤峰宜红茶问世于清光绪年间，至今已有近150年的历史。清光绪年间，广东茶商林紫宸等来到鹤峰县，在五里坪等地精制红茶，之后由石门县泥市运往武汉出口。鹤峰茶区宜红茶制作技艺便由此引入并沿袭至今。

宜红茶以茶树新芽叶为原料，经特定工艺加工成条索紧致的形状，散发清香沁脾的香气。鹤峰各乡镇都有茶叶产业，尤其以容美乡（今容美镇）、留驾司、百顺桥、北佳坪、五里坪、南村村等处的茶号规模大，鹤峰因此成为宜红茶的茶源地和主产区之一。其第一代传承人当数林紫宸、卢次伦、张佐臣。此后，鹤峰、五峰、石门、长阳等周边县产生了一大批红茶制作师傅。目前鹤峰茶区的红茶制作师傅当是宜红茶制作技艺的第五至六代传承人。2020年，鹤峰宜红茶制作技艺入选第六批省级非物质文化遗产代表性项目名录。

宜红茶的传统制作方法基本以手工为主,主要有四道工序,即萎凋、揉捻、发酵、干燥。

1.萎凋

萎凋是指将采摘下来的鲜叶晾置一段时间,让其水分蒸发,使硬脆的梗叶萎蔫凋谢的过程,是红茶初制的第一道工序。经过萎凋,叶片变柔软,韧性增强,便于造形。此外,这一过程可使青草味消失、茶叶清香欲现,是红茶形成香气的重要加工阶段。萎凋的方法有自然萎凋和萎凋槽萎凋两种。自然萎凋即将茶叶薄摊在室内或室外阳光不太强处,搁放一定的时间。萎凋槽萎凋是将鲜叶置于通气槽体中,通过热空气加速萎凋的过程,这是目前普遍使用的萎凋方法。根据鲜叶的嫩度和大小,萎凋一般需要40分钟左右。

2.揉捻

将已萎凋的茶叶用手或脚顺一个方向(多向右)揉捻,让茶汁溢到茶叶的表层,然后松抛,再让茶汁吸收到茶叶里面。紧揉、松抛,反复数次,直到条索紧致。茶叶会在揉捻的过程中成形,其色香味浓度也会增加。由于叶细胞被破坏,便于在酶的作用下进行必要的氧化,有利于发酵的顺利进行。

揉捻

3.发酵

发酵有冷发酵和热发酵两种方法。没有太阳时就用冷发酵,就是用晒垫将茶叶散开大概4厘米厚,摊12小时左右,直到红润。热发酵就是在太阳光下用簸箕将茶叶撒约12厘米厚,用棉布打湿(不能有水滴)盖在上面,再用晒垫盖上,过3小时左右(具体时间根据气温高低而定),直到红润、清香。

4.干燥

干燥是采用高温烘焙(太阳或柴火)的方法,使发酵好的茶坯迅速蒸发水分以保持干度的过程。其目的有三:一是利用高温迅速钝化酶的活性,停止发酵;二是蒸发水分,缩小体积,固定外形,保持干度,以防霉变;三是散发大部分低沸点青草气味,激化并保留高沸点芳香物质,使红茶获得特有的甜香。

鹤峰山清水秀,自然环境优越,所产茶叶品质上乘,又有近150年的宜红茶制作经验,近年来,所产宜红茶在各种评比中屡获"中国国际名优茶推荐产品""湖北十大名茶"等荣誉。宜红茶也因此成为全县最大的特色支柱产业。早在1942年,湖北省农业改进所袁鹤曾专程步行到鹤峰,进行了几个月的实地踏勘调查,写出了《鹤峰茶业产况调查报告》。他对鹤峰茶叶的质量评价如下:"尤以鹤峰所产更称上品,不仅色香味俱佳,而浸汁程度亦较优,如石门、五峰各制茶厂商,必将鹤峰茶混合当地所产者方可出售,足证鹤峰茶叶品质之高尚。"

茶胚撒叶晒干

13.2 鹤峰绿茶制作技艺

鹤峰绿茶历史悠久,为容美土司进京朝贡之方物,被康熙皇帝称为"贡茗",在历史上相当长一个时期内被称为"白茶"。包括容美土司时期称"峒茶""湘潭茶"的茶叶,从制作技艺上看,都是鹤峰绿茶。清咸丰四年(1854),县人高炳之首次设栈制茶,因经营有方,招来远近客商贩运,使鹤峰茶叶大量外销。由此,鹤峰绿茶更加享有盛名,茶叶销售进入鼎盛时期。2020年,绿茶制作技艺入选恩施土家族苗族自治州第七批州级非物质文化遗产扩展项目名录。

鹤峰绿茶外形条索紧细匀整、显毫,色泽翠绿油润,内质清香持久,滋味鲜醇爽口,汤色嫩绿明亮,叶底嫩绿匀齐。鹤峰绿茶还有两个独特之处,一是耐冲泡,鹤峰茶含有丰富的理化成分,水浸出物含量高(通常达40%以上),用百姓的话说,就是鹤峰绿茶可以多泡几杯水;二是味道醇,鹤峰茶香味好,加工成炒青绿茶后具有熟板栗香,滋味醇厚,新鲜感强。

鹤峰绿茶的制作主要有采摘、杀青、揉捻、干燥四个步骤,关键在于杀青。通过杀青,鲜叶中酶的活性钝化,内含的各种化学成分基本上是在没有酶影响的条件下,由热力作用进行物理变化,从而形成了绿茶的品质特征。

1.采摘

要注意选择优良品种,进行良好的栽培管理,把握茶菁采摘的时机与方法,妥善处理采得的茶菁。

2.杀青

按照干燥和杀青方式的不同,绿茶可分为炒青绿茶和烘青绿茶。炒青绿茶是在炒制过程中利用手法变换及机械外力,使得成品茶叶呈现出长条形、圆柱形、扇形、针形等不同形状的绿茶。烘青绿茶是利用烘箱进行干燥的绿茶。

杀青

3.揉捻

揉捻是绿茶塑形的一道工序,减小了茶叶的体积。绿茶的不同形态也是在此过程中显现的,为干燥成形奠定了基础。揉捻还能适当破坏部分叶细胞,使茶汁溢出黏附于叶表,使茶叶更加香醇。

4.干燥

干燥是绿茶整形的工序,即对经过揉捻的叶子进行整理,改进外形,蒸发掉多余的水分,提引茶香。茶叶在经过这一工序后,也便于运输和储存。

摊晾

13.3 鹤峰傩戏

傩戏又称"傩愿戏""傩堂戏""傩坛戏",是恩施土家族苗族自治州五大地方剧种之一。2008年6月,鹤峰傩戏入选第一批国家级非物质文化遗产扩展项目名录。

鹤峰傩戏是一种祭祀仪式与戏剧相结合的艺术形式,祭祀仪式是通过歌舞戏剧完成的,戏剧表演中夹杂着还愿祭祀的内容,可谓祭中有戏、戏中有祭。这种以还愿为依托、以傩坛为载体、以祭仪出现的戏曲艺术形式,仍保留着表演艺术由祭祀、歌舞、说唱向戏曲演变过程中的原始面貌。

鹤峰傩戏最早见于容美土司田信夫的诗《礼阳口号》(《田氏一家言》):"山鬼参差迭里歌,家家罗邦截身魔;夜深响彻呜呜号,争说邻家唱大傩。"从诗中可以看出当时傩戏已相当盛行。以后《宜昌县志》《鹤峰州志》《长乐县志》对鹤峰傩戏都有记载。

鹤峰傩戏

鹤峰傩戏班称坛，班主又称掌坛师。一个傩坛8～10人不等。新中国成立前，鹤峰约有25个傩坛，主要分布在走马坪、白果坪、所坪、南北镇、阳河、铁炉坪、马家、五里坪、桃山、六峰、清湖、中营北佳、云蒙山、邬阳等地。虽然傩戏历

鹤峰傩戏《姜女下池》表演现场

代屡遭禁处，但始终相传不绝。现在燕子镇清湖村仍有完整的傩坛，能完成全剧演出，而且不时有青年人入坛，其他地方只有零散艺人。

鹤峰傩坛供奉的傩神主神有供两尊与三尊两种形式。两尊者一般为东山圣公（红色傩公）和南山圣母（白色傩母）。三尊者为九天飞齐太乙都总驱傩大帝（红脸）、清源妙道傩神真君（黑脸）和五通五显华光大帝（白脸）。

鹤峰傩戏有完整的祭议，称二十四戏（亦称二十四堂法事），具体名目为《发功曹》《白旗扫台》《迎神》《修造》《开山》《打路》《扎寨》《打路》《请神》《窖茶》等，尤以《窖茶》最引人入胜。《窖茶》演出时，掌坛司爷宣唱各路神仙大名，金童玉女上场为各路神仙上茶，敬茶过程中叙述茶的来源及种植、采摘、加工的艰苦过程。这是鹤峰傩戏祭祀戏《正八出》中能突出反映茶文化的场次。

鹤峰傩戏的音乐无论是请神勇的法师腔，还是扮演角色的正戏腔和小调，多吸收有鹤峰采茶山歌号子类的音乐元素，唱腔无固定高度，演唱均用本嗓，风格粗犷朴实，山野风味较重。傩戏的唱腔与念白均按当地方言上韵，为表现角色神仙鬼怪的氛围，语势略带吟诵或吼叫色彩。

鹤峰傩戏《正八出·窖茶》的唱词为：

请神安位

剧情：掌坛司爷执令旗宣唱所请的各神祇法名，并请金童玉女上场为各位神仙上茶水。上茶前细说茶的来源及种植加工过程。

人物：请神司爷、金童、玉女

司锣唱冷坛词：白旗仙娘她去了，又不知何神踩坛庭，

又不知何神打开桃源洞，又不知何神踩坛庭，

我王爷爷打开桃源洞，请神司爷踩坛庭。

内唱：炉中香烟起纷纷，香烟袅袅投神门。

投得神门四山开，神在虚空下催来。

锦鸡未叫先开翅，阳雀未叫先转身。

某氏东君还愿心，弟子登坛先请神。

（绕动令旗，移步舞蹈接唱：）

再焚真香皈命虔诚。

弟子奉请：

锣司接：奉请何神？

请神司爷：奉请九天飞齐太乙都总驱傩大帝，清源妙道傩神真君，五通五显华光大帝，五位五官五岳夫人，傩戏太子官将吏兵，掌簿判官五路猖兵，傩坛有请，万神千真，弟子叩请望来临。

弟子奉请：

内：奉请何神？

元黄启教赵后大发先师，开山打路白旗仙娘，澧州姜女华州范郎，关索太子鲍氏三娘，山伯书生英台小姐，柳毅相公龙女三娘，傩坛有请，万神千真，弟子奉请望来临。

弟子奉请：

内：奉请何神？

点台师爷金童玉女，跳傩耍戏鼓板二郎，三元行坛把案老司，名山洞府道德齐

神,本州城隍忠贞大神,当坊土地礼仪正神,傩坛有请,万神千真,弟子叩请望来临。

弟子奉请:

内: 奉请何神?

虚空过往纠察真仙,九天司命太乙府君,前传后教诸位宗师,乐王戏主三八公卿,东南二岳两神皇帝,天地水阳四府高真,傩坛有请,万神千真,弟子叩请望来临。

(宣读文疏,文疏内容与发功曹所念文疏大同小异,毕接唱)

正月元宵灯发光,二月水冷百花香,

三月清明早泡种,四月立夏插千秋,

五月龙船花鼓响,六月姜女晒衣裳,

七月盂兰正大会,八月雁去带书回,

九月重阳造美酒,十月霜打草叶黄,

冬月修书请弟子,腊月打马见君王。

一见君王笑盈盈,没有香茶来敬神,

有请金童玉女来传茶,香茶美酒献君王。

(金童玉女上,请神司爷接唱)

说此茶,道此茶,说起此茶有根芽,

昔日有个唐三藏,他到西天去取金(经),

没有取到金(经)没有取到银,

顺带茶籽转家门。

三人合唱: 说此茶,道此茶,说起此茶有根芽,

什么地方好窖茶,什么地方撒一把,

洞庭湖里好窖茶,洞庭湖里撒一把,

洪水滔天未发芽。

说此茶,道此茶,说起此茶有根芽,

什么地方好窖茶,什么地方撒一把,
须弥山上好窖茶,须弥山上撒一把,
野鸡啄来未发芽。

说此茶,道此茶,说起此茶有根芽,
什么地方好窖茶,什么地方撒一把,
十字路口好窖茶,十字路口撒一把,
牛踏马旋未发芽。

说此茶,道此茶,说起此茶有根芽,
什么地方好窖茶,什么地方撒一把,
高山高岭好窖茶,高山高岭撒一把,
冰雪冷冻未发芽。

说此茶,道此茶,说起此茶有根芽,
什么地方好窖茶,什么地方撒一把,
坪坝低山好窖茶,坪坝低山撒一把,
温度高哒不发芽。
肩背锄头儿,衣兜茶籽儿,急急忙忙转回家。

说此茶,道此茶,说起此茶有根芽,
什么地方好窖茶,什么地方撒一把,
东君花园里好窖茶,后花园里撒一把,
早晨下种晚发芽。

薅两薅,垄两垄,茶叶长得嫩蓬蓬,

薅两薅,搂两搂,茶叶长得绿油油,

兴好茶叶并不难,只等三年就开园。

年年有个三月三,姊妹三人进茶山,

年年有个四月八,姊妹三人采细茶,

大姐进园采四两,二姐进园采半斤,

只有三姐手艺巧,四十八两共三斤,

采得三斤六两茶,锅锅炒,甑子蒸,

篓篓装起烟也薰,别人拿起无用处,

弟子拿起敬吾神。

（金童玉女托茶进内）

请神司爷唱: 金童玉女转回程,吾神与他扫瘟神,

朝也焦来暮也焦,你说良愿几时了,

不用焦,不用焦,恭喜你良愿今日了,

朝也愁,暮也愁,你说良愿几时酬,

朝也盼,暮也盼,你说良愿几时还,

不用愁,不用难,你的良愿今日还。

自从今日还愿后,荣华富贵万万年。

前面扫开招财路,后面扫开聚宝盆,

招财路,聚宝盆,朝落黄金暮落银,

脯麻痘疹往外扫,一切瘟疫赶出门,

吾神庚生数不尽,请神司爷赴坛庭。

（请神完）

13.4 鹤峰柳子戏

鹤峰柳子戏又称"阳戏""杨花柳",流传历史悠久,形成于宋元时期,盛于明清时期,是恩施土家族苗族自治州五大地方剧种之一,被誉为湖北戏曲艺术孤品,现今主要流传于鹤峰走马、五里、铁炉一带。

鹤峰柳子戏的音乐体制属板腔体上下句结构,核心腔调是正宫调,主奏乐器是大筒胡琴。其唱腔技艺在中国戏曲中可谓独树一帜,演唱难度大。主腔有两种唱法:一种是本嗓唱,尾音不翻高;一种是真假嗓结合唱,尾音翻高八度。在鹤峰境内,这两种唱法相袭并用,但以后者为主。

鹤峰柳子戏属于板腔体的民间"三小"戏,即角色行当只限小生、小旦和小丑。柳子戏分生、旦、丑三行,后受大戏影响,也有净角,但只扮"山大王""神将"等角色。在演唱时,生、旦、丑三行概以真假嗓结合演唱,唱腔的句逗、句尾多用翻高八度的假

鹤峰柳子戏《三拜花堂》

声，落音时略为下滑。然而假声运用的多寡、曲调表演的繁简又需根据人物的年龄、身份、情绪而定，其表演难度相当不易拿捏。

容美土司时期，重视与汉区的文化交流，境内建有10多处戏楼，还引入了女优。明末清初，容美土司戏曲进入鼎盛时期。

柳子戏经过300多年的流传，在鹤峰民间形成了完整的、系统的、独特的声腔和音乐系统，有传统剧目100余

鹤峰柳子戏《路遇》参加恩施土家族苗族自治州2009年首届地方戏曲比赛演出

种，是土家族人民钟爱的地方戏曲之一，被称为土家族地区民间剧种的"活化石"。

新中国成立后，鹤峰县文化部门组织成立了柳子戏队，将部分演员合并到县专业剧团。1980年，鹤峰走马区成立了业余柳子戏剧团。1983年，该团参加了全国乌兰牧骑式文艺汇演，首次将鹤峰柳子戏搬上了大雅之堂。当时的全国戏曲家协会副主席李超观看演出后，即席赋诗："盛会土家富土气，民族特色数鹤峰。"1984年，走马柳子戏剧团专程赴州府参加接待中央领导的汇报演出，演职人员受到了时任中共中央总书记胡耀邦同志的亲切接见。

2002年，鹤峰县走马镇李桥村柳子戏艺人谭文友被授予州级"民间艺术大师"的称号。2012年9月，熊晓华被评为湖北省第三批省级非物质文化遗产项目"鹤峰柳子戏"代表性传承人。

13.5 鹤峰围鼓

鹤峰围鼓又称"土家打溜子",是一种利用一鼓、头钹、二钹、大锣、勾铙五件响器,由五人演奏的打击乐。鹤峰围鼓通过鼓点牵引,两夹钹穿插揿打,大锣应节转换,勾铙巧妙点缀,构成独具一格的交响乐。这是一种既能表现出气势磅礴、翻江倒海的壮美,又能表现出花绽鸟嬉、唧唧喔喔之优美的艺术形式。

鹤峰围鼓是一种古老的艺术,也是最早的演奏乐器之一,与原始的祭祀舞蹈一同诞生。鹤峰的各种民族舞蹈如摆手舞、丈鼓舞、花鼓灯、采莲船、龙灯等,包括古老的傩戏,都是用锣鼓伴奏,未有管弦,至今仍然如此。围鼓全靠口谱相传,白果坪苏家四代传承,逐渐形成当地具有代表性的围鼓队,多次赴县、州、省表演。2008年,鹤峰围鼓入选第一批国家级非物质文化遗产项目名录。

鹤峰围鼓

13.6 鹤峰花鼓灯

鹤峰花鼓灯是一种在鹤峰境内流传较广、深受当地人们喜爱的传统舞蹈。鹤峰地处鄂西山区,因山河障隔,境内各地舞蹈风格各有区别,实用风俗也各有讲究。但鹤峰花鼓灯总的来说可分为两大流派,即以大隘关为界的关内花鼓灯和关外花鼓灯。虽然它们在音乐与表演程式上大相径庭,但都是由旦和丑两角表演、锣鼓伴奏、伴奏人员伴唱。为了区别这两种花鼓灯舞蹈,现在通常把关外花鼓灯称为"走马花鼓灯"。

花鼓灯主要在节庆期间表演,由一男一女或多男多女手持手帕或小扇,对舞而歌,主要是歌唱爱情,歌词可即兴创作,也有传统的唱段,如"十爱""十想""探郎""正月里是新春",等等。鹤峰花鼓灯舞蹈姿态轻盈,唱词精彩,舞者可用手做出各种滑稽的动作,气氛活跃而热烈。

鹤峰花鼓灯

　　鹤峰花鼓灯有文花鼓、武花鼓之分，其音乐旋律多达数十种，属鹤峰民歌小调中的"灯调"。文花鼓的特点是音乐旋律温柔细腻、舞蹈动作幅度小，武花鼓的特点则是音乐粗犷、舞蹈动作幅度大。自正月初一开始，由民间艺人组成的各路灯班相继出动，或沿村寨每家每户拜年，或于场坝垒桌为台表演，最热闹的是几路灯班相约对台竞技。花鼓灯除在演员的阵容和形式方面不断革新外，在化妆、服饰方面也不断改进，颇为讲究。闻其名"高台花鼓"就能想到是在高台上进行表演，这也是其精华所在。表演者除了在平地上表演，往往在表演快结束时呈现高潮，即在八仙桌道具叠加的高台（有时可达七至八层）上表演，尤其是以高台舞狮表演串烧花鼓灯舞蹈。表演者在锣鼓伴奏声中，在高台上旋转变换动作，变换舞狮技巧，加大了整个表演的难度。

鹤峰花鼓灯之武花鼓《牵手花》

　　2013年，鹤峰花鼓灯被湖北省人民政府公布为第四批省级非物质文化遗产项目。2003年，花鼓灯艺人范盛齐被授予州级"民间艺术大师"的称号。2014年9月，范盛齐之女范先菊被评为湖北省第四批省级非物质文化遗产项目"鹤峰花鼓灯"代表性传承人。

13.7 鹤峰满堂音

鹤峰满堂音是流传在南村村、百顺桥一带的皮影戏声腔,后演变成一种厅堂坐唱形式的曲艺,以自制的土琵琶为主要伴奏乐器,演唱者手执简板领唱,乐队和声,以唢呐烘托帮腔,渲染气氛。因为最初的满堂音皮影戏声腔分为"琵琶板"和"满堂音"两个声腔系统,所以满堂音又称"琵琶板"。目前已调查出的鹤峰满堂音艺人有七代传承人,最初的满堂音皮影戏艺人是周昌庭。

周昌庭戏班常常辗转于南村、百顺桥、南渡江一带卖艺求生。周昌庭见自己老之将至,遂招南渡江张氏三兄弟、金板山的万振海、清湖的柳安庆为徒,在南渡江马伏云办张家科班。周昌庭所带徒弟唯张氏三兄弟

鹤峰满堂音

坚持从艺到底。张氏三兄弟老幺张启春之子张自海在新中国成立初期曾出任鹤峰县皮影戏剧团团长。因南来北往的马帮骡客、贩茶商人、肩挑背驮的运茶客多会于南村、南渡江,张自海父子便长期以南村、南渡江为固定场所演唱满堂音。因张自海演唱满堂音、演奏"土琵琶"非普通人所及,加之南村张姓人居多,许多张姓人家便免费为观众提供茶水,还为张自海的戏班子提供酒肉大餐。当时鹤峰满堂音的代表性剧目有《双麒麟》《杨家将》等。

鹤峰满堂音

13.8 鹤峰土家四道茶

虽然鹤峰土家四道茶是在20世纪80年代得此名称,但作为一种民间礼仪风俗由来久远。四道茶自土司时期便成为民间礼俗,上自土司,下至山寨居民,均将此作为隆重的待客礼节。清代顾彩曾在《容美纪游》中说,"春取桑柘之火,则以新火煮新茶敬客"。土家四道茶是在不同场合与环境中的茶风俗表演,包含茶品制作与礼仪表演两项内容。茶品制作分为前期制作和现场冲泡,需由较高技巧和丰富经验的茶师完成。礼仪表演包括迎宾、筛茶、请茶、咏茶,通过迎宾营造气氛、渲染环境,通过筛茶演绎风俗,通过请茶传达情谊,通过咏茶赞美生活。

土家四道茶中的第一道茶是亲亲热热"白鹤茶",第二道茶是甜甜蜜蜜"泡儿茶",第三道茶是和和美美"油汤茶",第四道茶是团团圆圆"鸡蛋茶"。

白鹤茶是平时各家各户待客的第一礼茶。茶名源自一个民间传说:一只白鹤吐出经千年修炼的珍珠,化为甘泉,让茶山度过干旱,用白鹤泉水冲泡容美司的茶,就叫白鹤茶。白鹤茶是以绿茶的制作方法加工新鲜茶叶,需要现炒现冲。冲泡时,在香味四溢的雾气中好像能看见白鹤翩翩起舞,上这道茶时还要唱"筛茶歌"。

白鹤茶

　　泡儿茶是新春佳节时给拜年的亲人朋友们的接风茶,在鹤峰走马一带,每逢春节,家家必做泡儿。它是用糯米精心加工成阴米后炒制而成的。蒸、晒、炒是制作关键。米要熟而不黏,晒时要遮住日光阴晒,晒干后称为阴米,之后再用细沙炸炒成泡儿。泡儿的制作工艺严谨、要求高。谁家的泡儿做得好,就说明谁家的媳妇、姑娘能干。一碗好的泡儿茶不仅是姑娘们心灵手巧的炫耀,也是给拜年客人的一个甜蜜回报。泡儿茶洁白如玉,如玉沉清江,落口消融,满口馥香,既可压饥,又易消化,老少皆宜。

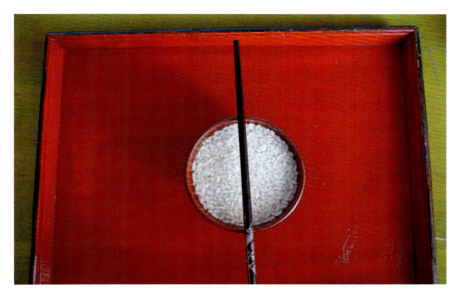

泡儿茶

　　泡儿茶曾出现在明清的竹枝词中。"年景花开兰草香,家家春酒客来忙。腌鸡腊肉尝俱遍,进门先闻泡儿香。"由此可以看出,泡儿茶在明清时期已十分盛行。此道茶先奉茶后冲泡,冲时用开水,用细嘴铜壶呈螺丝转顶式给水,操作不当会将泡儿冲撒满地,冲水后再将一根竹筷横搁碗上,称独木桥。品茶时可用竹筷击节唱"竹枝词",奉茶者与品茶人相互唱和应答,热闹喜庆。

　　土家族有句关于油汤茶的俗语:"不来贵客,不烧油茶。"能喝上这道茶,表示客人在主人心中身份尊贵,也表达了主人对客人的深厚感情。油汤茶由来久远,始创于一群采山茶果的姑娘。她们在深山过夜,为了充饥,熬茶果为油,用油炸各自采摘的山果,如栗子、核桃、酥麻、薏米等。因山神恐吓她们,她们便丢一把茶叶在油锅里，给山神吃，怕山神吃不够，又添瓢泉水，没想到山神吃了十分高兴，这便有了油汤茶。油汤茶是把干茶叶放在锅里用山茶籽油炸炒后加水成汤，再把炒、炸好的玉米花、米花、板栗、核桃、芝麻、花生等放入汤内，加上特制酱料的茶饮食，吃起来酥香松脆、酽而不腻、鲜爽可

油汤茶

口、满口爆香。油茶汤透着一份热烈，最好是现场制作，趁热食用。油汤茶既能解渴又能充饥，多在薅草季节饮用，所以喝这道茶时配以薅草锣鼓，乘着油汤润嗓，喊几句高腔号子。冲汤时为高山泻瀑，筛茶时双手捧碗平伸，为凤朝阳，动作夸张豪放。

　　吃鸡蛋茶在土家族哭嫁的古老风俗中一直沿袭着，是哭嫁婚俗中不可缺少的一项程序。鸡蛋茶是团圆之茶、圆满之茶、喜庆之茶。土家人结婚办喜宴、生孩子整"祝弥酒"时，都会在宴席的最后由新郎新娘或孩子的父母敬奉此茶。一般是在一个茶碗内放三个煮熟去壳的红蛋。三个鸡蛋表示一生二、二生三、三生万物，发人发家。

鸡蛋茶

吃鸡蛋茶的都是上亲与挚友。敬鸡蛋茶是行大礼，吃鸡蛋茶是大人情。吃完蛋碗不能空着，必须放答谢钱，又叫面子钱，这份面子钱的数目不能小。红蛋是用山里采摘的野生红花、香果、草药为料煮成的，不仅红泽艳丽，而且清香扑鼻，有滋补肝肾之功效，是土家族的特色食物。

十四、人　物

14.1 林紫宸

　　林紫宸，生卒年月不详，广东香山人。早年在英国专修矿业，学成归国，做买办资本家。清光绪二年（1876）来鹤峰采办红茶，传授红茶初制技术，建"英商泰和合"茶号，并聘年轻有为、精明能干的同乡卢次伦为主管，在各主要产茶区设分庄，收购红毛茶，在石门宜沙建茶叶精制厂。其茶厂年产红茶万担。所制红茶被运往汉口销售，被外商视为"高品"，竞相购进。自此，鹤峰茶叶产业迅速发展。为了集中调运，泰和合茶号在鹤峰县城和五里坪设转运站。为方便采购、运销红茶，又捐资改修了"鹤峰—南村村—南北镇""鹤峰—红茅尖—百顺桥""鹤峰—留驾司—清水佘"等多条骡马茶道；并出巨资维修、扩建鹤峰太平镇至湖南石门县境长达300多千米的骡马大道。为方便宜红茶的运输，林紫宸在鹤峰、五峰修桥修路，大大促进了湘鄂地区以茶叶为主体的商品流通。由于英国人卷入第一次世界大战，英商经营的红茶生意每况愈下，英商对茶叶的质量要求更加苛刻。林紫宸在鄂西改制贩运红茶走上正轨后，一度放松了对茶叶品质的严格管控。有一年，其经办的一批红茶因出现潮湿霉变的情况，使英国公司遭受了损失，于是洋行老板借机撤销了林紫宸的买办之职。这是林紫宸在鹤峰传授红茶制作技艺、经营贩运红茶近十年以来受到的重大挫折。

后来林紫宸打听到鹤峰九台山在土司时期就有开采铜矿的历史,他又曾在英国专修矿业,于是认为利用鹤峰的铜矿资源获利是解除此次困境的唯一出路。光绪十年(1884),他通过各种途径获得了进山开采铜矿的谕令。林紫宸及其广东同乡卢次伦等,凭借在鹤峰、五峰一带开发、贩卖宜红茶获得的巨额资金及人脉资源,于光绪十二年(1886)十月,招募矿工近千人,在鹤峰州关外的九台乡(今鹤峰县铁炉白族乡细杉村万寺坪九台山)开采铜矿。经过长达几个月的努力,终于设炉炼铜成功,就在一批批被称为"黄货"的铜矿经湖南泥市、津市运出山外时,各类矛盾也随之而来。湖南、湖北因为矿藏权属争端纠缠不清,尤其是关外山羊司所属的白果坪、走马坪、官仓坪百姓,议论壬午年大灾以来灾害连年,是因为林紫宸开挖铜矿,挖断了地脉,百姓义愤填膺,加之林紫宸开挖铜矿也未取得当地乡绅的同意,白果坪、走马坪的百姓几次去九台山矿局,要求林紫宸停工并与矿局砂丁发生械斗。光绪十二年十一月十七日,以民人张正幅为首,邀同潘祚林、戴文术、王振友、殷恒文、徐子清等人,徒手汇集于九台山矿局,阻挠铜矿开采,林紫宸不允,在斥骂中发生争闹,矿局砂丁各执刀矛砍戳致伤,张正幅、潘祚林在打斗中受伤致死,戴文术等亦各受伤逃散,王振友、殷恒文、徐子清行走落后,被矿局砂丁捉住关禁。身为铜矿商董的林紫宸再三思量,开矿伊始,山羊司巡检刘现典就一直反感,估计是他蛊惑百姓,数次围攻九台山,此次出了命案,恐有大的报复行动,于是将局内银钱衣物搬寄邻人陶承科家。十九日,林紫宸与其他广帮老板及砂丁人等逃离九台山。林紫宸用一纸诉状将鹤峰州山羊司巡检刘现典及围攻九台山铜矿的"抢匪"告上了湖广官厅。他状诉鹤峰地方官府一边争属于湖南的铜矿属地权限,一边纠众持械,抢夺矿局财物,还列举了"撞门入局,抢去银钱衣物……是夜被匪等将局屋烧毁,并烧抢邻居陶承科家,开具失赃"之罪,开列了"抢匪"谢加贵等28人名单。

官司持续了两年多的时间,湖北官厅"先经该州访闻,札饬山羊隘巡检刘礼仁,会同卫昌营白果坪外委陈先明,驰至弹压解散"并捕监生戴文术及民人谢加贵、王振友、殷恒文、黎占元、严其昌、林长宽等,饬发武昌府审办。其间,山羊司巡检刘现典积极应诉,多次与处理该案的官员沟通,应诉得力,终于使官司出现了新的变化。

湖广提督裕禄和湖北巡抚奎斌联名上书朝廷："著令速将林朝登及滋事砂丁人等一并交出，解鄂归案审办。至此案无干之人，应请先行省释，其应行候质各被证亦饬发回鹤峰州，取具的保，俟林朝登等到案，再行提集质讯，分别定拟，以昭核实，而免拖累。余分咨查照外，谨合词恭折具奏。"光绪皇帝于光绪十三年（1887）十二月初十日御批准奏。最后铜矿封闭，所捕之人均被释放，跨越三个年头的九台山铜矿官司落下帷幕。由于林紫宸受到官府通缉，矿井遭到封堵，林紫宸及一批广东人均逃离鹤峰。

林紫宸在鹤峰、五峰、长阳等地创立宜红茶时，一直受到当地人的欢迎。他传授的红茶制作技艺让百姓的茶叶变成了钱，他出资拓宽骡马大道、修路修桥，让茶叶出山更加便捷，也方便了百姓的出行和生产生活。林紫宸因为开采铜矿引发官司遭通缉，逃离鹤峰，"身隐鱼盐"，但仍然期待着鹤峰、五峰、长阳等地他开辟的红茶市场东山再起。光绪十六年（1891）五月立于今五峰县采花乡的裕安桥碑说明他修路修桥的善举一直受到百姓的赞誉。裕安桥就是林紫宸捐资倡修的，桥头立有功德碑。据碑文可知，广东林君材长利济，身隐鱼盐，每胜不临，泽行山行，随地尽利，叹世途之太险，倡议维殷……四方之行人莫不合手加额曰：此林君之功与德也。

据《重修县志四区采访册》可知，中外通商，始有广东红茶客来五峰、长阳茶山办茶。首先来星岩坪者，林君紫宸。广东茶商号牌名"泰和合"，林君为"泰和合"总经理……年盛一年，虽逐年添来别号茶商，出庄各处，而来林紫宸处卖茶者独多。

林紫宸在鄂西宜昌府所辖的鹤峰、五峰、长阳等地传授红茶制作技艺，设庄贩运红茶，开启了武陵山区生产红茶的先河；他还出资修路修桥，改善了当地的交通状况，方便了百姓；他开矿炼铜，对鄂西矿产资源的开发和利用起到了促进作用。林紫宸在武陵山茶区经办的实事及功绩清晰明了，被茶界业内人士称为"宜红之父"。

14.2 卢次伦

卢次伦（1858—1929），谱名卢有庸，字万彝，号次伦，清咸丰八年（1858）农历八月十五日出生于广东香山县上栅村（今珠海市唐家湾镇），清光绪丙子年（1876），随同乡林紫宸赴湖北鹤峰、五峰，挂"泰和合""谦慎安""英商宝顺合茶庄"招牌采办红茶。林紫宸在五峰县采花乡朱家染铺办"英商宝顺合茶庄"，派卢次伦任账房，后来在湖北鹤峰、五峰及湖南石门开设泰和合茶庄，均派卢次伦担任主管。

林紫宸因经办的一批红茶出现潮湿霉变，被洋行老板撤销买办之职，打算到铜矿资源丰富的鹤峰九台山去开采铜矿。于是卢次伦率数十名同乡随林紫宸赴九台山开采铜矿。炼铜刚成功，湖南、湖北两省便因为矿藏权属争端纠缠不清，加之当地百姓听信开矿"挖断地脉"的传言，常与矿局发生械斗，商董林紫宸纠缠于官司之中，卢次伦及同乡不得不撤退至湖南宜沙。

随林紫宸至九台山开采铜矿的挫折并没有打消卢次伦改制红茶的决心，面临改制、贩卖红茶的老搭档林紫宸纠缠于"铜矿官司"的困难，卢次伦决定独留宜沙，采办茶叶，继续实现改制红茶的宏图大志。他瞄准自己非常熟悉的湖北鹤峰、五峰及湖南石门等地的茶叶资源，于光绪十四年（1888）在石门当地改制红茶，卖毛茶于汉口，获利颇丰。光绪十五年（1889）至光绪十六年（1890）春，卢次伦在宜市松柏坪盖起制茶大楼，挂上"泰和合"金字招牌，下设管事、司账、采购、运输、转运、销售、业务等10个部门，广收鹤峰、五峰、长阳、石门四县的毛红茶，并在五峰、长阳、鹤峰、石门四县的茶区设茶庄数十个，聘请专人赴各个茶庄传授粹茶、筛分、风选、拣别、焙烘、官堆、装箱等流程及工艺，精制成"黝黑而光彩""颗颗般大"的米茶，其成品茶分为"天、地、玄、黄"四个等级，定名"宜红"。所有茶叶包装箱上均贴有一张淡绿色的纸，印有龙凤相对，中间一个椭圆上有"宜红"二字，两旁印有"泰和合茶号"及某年某月某日制字样。

泰和合茶号自成立以来，其红茶经销量逐年上升，由5万斤、10万斤、12万斤，到光绪二十五年（1899）的接近30万斤，逐渐达到鼎盛时期。卢次伦开设的泰和合茶号有6000余名从业人员、100余艘运输船只，开创了鄂西红茶的精制加工先河，孕育出了"宜红茶"区域公共品牌。

民国初年，土匪横行，豪劣侵蚀，同行竞争，市场萎缩，宜红茶的生产、运输和销售难以为继。1916年，卢次伦将垄断鹤峰红茶几十年的泰和合茶号关停，回广东故里，研究佛学，颐养天年。1929年冬，卢次伦因病去世，终年71岁。

14.3 张佐臣

张佐臣（1863—1938），字崇圣，因排行第六，又名张六佬，鹤峰容美镇人。张佐臣早期先学屠宰，后经表哥李艺武引荐，同英商泰和合茶号主管卢次伦相识，开始学习红茶制作技艺，并背秤串乡，收购红茶。张佐臣因机敏、干练受到卢次伦的赏识，成为泰和合茶号的雇员，并很快成为茶号的红人。

1914年，因英国卷入第一次世界大战，茶号生意受到极大冲击，加之民国初年，各地帮会势力多演变为无恶不作的土匪集团，曾一度兴旺发达的泰和合茶号经常受到土匪的抢掠，这使林紫宸、卢次伦等茶商苦不堪言。1916年，垄断鹤峰红茶数十年的泰和合茶号停业，其分庄、子庄一齐关闭。广商们均撤回广东老家。张佐臣早已熟悉茶叶经营，乘机低价盘得泰和合茶号在鹤峰的全部设施，自立"圣记张永顺茶号"，开创了鹤峰人自设茶号的先例。

张佐臣雇请了经验丰富的老搭档郁天徐为账房、八面玲珑的叔丈吴子聪为总管、工于心计的赘婿洪哲人为经纪人，将茶号管理得井井有条。他还在留驾司、北佳坪、茶园坡、五里坪、百顺桥、南渡江等地设立分庄。

张佐臣在随卢次伦收购红茶初期，就发现鹤峰的多条茶道均可通达三路口，并得知早年湖南茶商龚经玉与三路口徐氏在这里把红茶生意做得风生水起，加之三路口又是四川到湖南盐道的必经之地，为确保占据位于鹤峰、五峰交界处的这个红茶市场的重要节点,以永久性地在三路口立住脚,张佐臣将自己的二女儿张二姐许配给龚经玉的后裔龚明珠,并出资送龚明珠去英国留学,以期学成归来在汉口经营宜红茶的出口业务。张佐臣在三路口一带购置田地山林等,增设庄户,开设门店,自设茶号,以价格优势和良好服务拦截运往湖南泥市或五峰渔洋关的大部分红茶。张佐臣在三路口收茶点严格规定收茶要依质论价,不准收茶人以停收、压价转手牟利。他还允许预付定金,同时开设小店,提供茶水以方便茶农。他的成功经验迅即推广到全县。他用重金请来制茶师傅,在城关设初制厂,初制后分转五峰县渔洋关和石门县泥市精制,之后交给其他茶商运往汉口。后来机敏的张佐臣听说直接将红茶销往汉口有更大的利润空间,于是带领女婿洪哲人、侄儿张先茶赴汉口考察。张佐臣将目光投向武汉的江汉关,然后自备船只,将在五峰渔洋关和湖南泥市精加工的鹤峰红茶直接运到武汉,不仅将红茶生意做到了国外,而且在汉口、汉阳与几个张姓人结拜为兄弟。张佐臣历经多次周折后,在武汉租赁了两处房屋,设置仓库、客栈。而武汉的朋友则为张佐臣从汉口各商铺批发布匹及日用百货,通过运茶的船运回宜都,再由骡队驮运回鹤峰。

张佐臣常常对女儿张四姐、女婿洪哲人说:“每次运茶去汉口,一定不要忘记给汉口的老伙计们带点最好的东西去,也要给泥市、五峰、渔洋关、宜都沿途帮过我们的人带点礼品,我们要知恩图报!”张佐臣除经营红茶外,还在鹤峰去渔洋关的沿途开骡马店,在宜都设布庄,在汉口开旅社,广聚钱财,拥有上百个田庄、万余亩土地,人称“张百万”。在张佐臣成为鹤峰有名的大茶商后,鹤峰县城涌现出一大批茶界“老板”,张佐臣的女婿洪哲人发动同胞兄弟洪纪人、洪育人开茶号,另有洪尊三在正西街开设鹤合兴茶号,陈炳清在城外开设盛源茶号,张兴发在县城西街开设兴生茶号。全县新办茶号达60多家。

1928年,张佐臣到湖南石门县,与宜市卢次伦所设泰和合茶号的留守人员吴锡斋、熊纯臣、刘嘉乃等人聚集在一起,准备东山再起,继续生产制作宜红茶。他们反复讨论研究国际国内形势,一致认为北伐完成,全国南北统一,红茶市场较好,再次生产宜红茶的时机成熟。经过充分讨论协商,张佐臣作为主要投资方,加之原泰和合茶号留守人员,在石门县所市成立鹤顺昌红茶号。他们生产出优质宜红茶5000多箱,并运往俄罗斯,获利颇丰。回到广东老家的卢次伦得知张佐臣等人成立了鹤顺昌茶号,认为是复兴宜红的重大机遇,立马写信祝贺:"尔等得余之衣钵,为复兴宜红而继起奋斗,以造福社会人群,竟余毕生未为满足之志,诚大乐事……"但遗憾的是,因鹤顺昌茶号后遭遇回禄之灾,全部的制茶设备及其他资产被付之一炬。石门创业的失败没有让张佐臣一蹶不振,他于1932年辗转五峰县渔洋关,与吴寿昌(吴林记)合作开办同顺昌茶庄,聘请江西技师樊高升为技术负责人,以鹤峰、五峰一带优质的茶源地为依托,年产宜红茶800多箱,受到汉口外国茶商的格外青睐。

第二次国内革命战争期间,张佐臣被轰轰烈烈的打土豪、分田地运动吓得逃离鹤峰苏区。后来他发现苏区军民在打土豪、分田地的同时,对茶商给予保护,如权势大、财富多的留驾司胡裕大茶号依旧营业,生意火爆。张佐臣多数时间不在鹤峰,而是在汉口经营红茶出口事宜,也会挤时间回鹤峰,主动把自己在全县各地的土地交给贫困农民耕种,免收一切租费。他还给红军及苏区干部群众送过钱、米、油等。1933年6月,张佐臣听说红三军生活困难,专门请谢家岩的游击队员谢茂元从新庄家里将一百多斤茶油送到麻水红三军军部。

鹤峰苏区沦陷,国民党再度治鹤,因国民政府财力入不敷出,当时鹤峰县财经委员会一些支出项目常常由地方乡绅垫付。由于张佐臣已经是不容置疑的鹤峰首富,熊香芹、孙泽民在担任县财经委员会委员长时期,均向国民政府县长举荐,由张佐臣出任财经委员会出纳组的领班人,因此张佐臣多年来一直挂着类似社会闲职的鹤峰县财经委员会出纳组主任的头衔。

抗日战争全面爆发后,张佐臣克服重重困难,继续经营红茶生意。1938年,张佐臣前往武汉,因日军进逼,抱病经营,是年病逝于汉口。

14.4 刘现典

刘现典(1834—1902),号厚庵,字礼仁,四川省蓬溪县(现属四川省遂宁市管辖)人,生于清道光甲午年(1834)冬月廿三日,少时家境贫寒,虽聪慧过人、寒窗苦读,但屡试不第。清光绪辛巳年(1881),被推举为湖北宜昌府鹤峰州山羊司巡检。刘现典欣喜若狂,辞行父母,表示不负重任,只身一人,从家乡蓬溪出发,经重庆,过三峡,至宜都上岸,脚穿草鞋,身背行李,沿着古茶道,赴鹤峰州山羊司上任。

刘现典主政鹤峰州山羊司,山羊司的管理范围即今鹤峰走马镇、铁炉白族乡两个乡镇。他到任后,爱护百姓,鼓励农桑,给外地来山羊司的茶商传授红茶制作技艺,支持贩卖茶叶,倡导白果坪、所坪等地百姓为往来的茶商和运输红茶的骡队提供方便,还带头捐资修路修桥,维护茶道的畅通。刘现典为官清廉,在接纳安置诸多来自湖南、四川的难民(包括自己老家四川蓬溪过来的亲朋)移居鹤峰州白果坪的过程中,一视同仁,要求百姓有田的就要种田,没有田的要学着做生意。刘现典从来不以巡检大权在握而放松对家人的严格要求,他要求自己的三个儿子和三个女儿必须自食其力,勤俭持家。他鼓励山羊司的百姓要学会做买卖,带头要求三个儿子联合办起了三个杂货铺,招牌统名"三和合",大儿子负责的名为"三和合福记",二儿子负责的名为"三和合禄记",三儿子负责的名为"三和合寿记"。尽管三个儿子都安家立业,且通过做生意富了起来,但他仍然坚持克勤克俭、耕读为本的家训,因此白果坪一直流传着刘现典的大儿子一碗稀饭只有十二颗米的笑话。

在林紫宸因开矿发生纠纷,逃离鹤峰并状告"鹤峰州九台山矿局被匪烧抢格杀二命"时,刘现典为当地百姓二人被杀、多人被关押而申冤,赴湖广、上京城应诉。他在应诉状词中历数林紫宸矿局杀死百姓二人,私挖矿脉,以致灾害连年、百姓无法生存等,还以走马坪、白果坪一带流传的民谣"天见林紫宸,日月不明;地见林紫宸,草木不生;人见林紫宸,有死无生……"为佐证。刘现典离家应诉,在京城的食宿及其他各项开支几乎让他倾家荡产,以致家人生计难以为继,全靠妻子推豆腐卖来维持十几个人的生活。

光绪十三年(1887)腊月初十,光绪皇帝御批此官司,称经提讯被证,与林紫宸原告供情大相悬殊,令交出商董及滋事砂丁归案审办。这场旷日持久的官司以刘现典大获全胜而告终。胜诉后,刘现典荣归鹤峰。鹤峰州关外的百姓欣喜若狂,鼓乐齐鸣,鞭炮声铺天盖地,一些百姓头顶一盆水或一面镜子,沿途恭候,意谓刘老爷是一位"清如水,明如镜"的好官。民间对刘现典支持乡民要求林紫宸停止开矿、帮助乡民打官司等事迹大加赞赏。当地流传的以该事迹为主要内容的柳子戏《三打九台山》曾一度火爆传唱。

刘现典在胜诉回到鹤峰后,再度行使巡检之职,更加德高望重,如果地方上出现争田争界、扯皮拉筋、夫妻吵架等事情,只要刘现典一出现,立马烟消云散。他常常与矛盾双方促膝长谈,一边摸着四五寸长的胡须,一边笑着劝解开导。刘现典自己也有一大家子人,姑嫂关系、婆媳关系都非常融洽。刘现典的二房妻子是安徽人,三个儿媳分别是浙江人、河南人、湖南人,虽然她们来自四个省,但婆媳如母女,妯娌似姊妹。刘现典一直在巡检署供职,省吃俭用,年近古稀才购置了房产及坟地。他在白果坪老街上买了一周姓人的房屋,并在花桥阳湾青龙嘴用80块大洋为自己买了一处墓地。

光绪二十八年(1902),刘现典身体多病,农历九月十六日一病不起,逝世于白果坪老街住所,终年68岁。民国初,后人为其立碑。1966年秋,刘现典的墓葬被毁弃,墓碑则被人移至附近水沟搭建便桥。1994年,刘氏后人刘多弟和刘贤余两叔侄将该碑迁至刘家垭村二组,立于刘现典之孙刘治隆的墓碑旁。

14.5 肖勋臣

肖勋臣,光绪二十四年(1898)三月初三出生于鹤峰县五里坪老街覃家,取名覃章绪。因章绪之舅婚后多年无子女,经两家商定,于光绪二十五年(1899)将襁褓之中的覃章绪过继给家住本县百顺桥付家村的幺舅肖开位,更派名肖印功,书名肖勋臣。

肖勋臣在舅舅家开的私塾里念书长大,成家立业,娶了头房妻,生有肖绶珈、肖绶权两个儿子,因为家境较为富庶,后续娶二房。肖开位、肖勋臣父子代代勤劳,自家的茶园面积大,茶叶收入日渐增长。肖勋臣是五里坪的覃氏后族,而覃氏家族又是当地的名门望族。广东茶商格外青睐百顺桥的红茶,来百顺桥做茶叶生意的小商小贩比比皆是,肖勋臣随父亲及当地红茶师傅学习并掌握了宜红茶粗加工的基本流程和关键技术,逐渐萌生了做红茶生意的想法。1918年,肖勋臣在百顺桥当地人称"老对合屋"处开办红茶行,取行号为"恒泰",所用行章为"肖恒泰"。新开张的茶号生意很好,一些茶叶小商小贩纷纷把自己收的茶叶交到肖老板这里。自此以后,当地人对其茶号及茶号老板统称"肖恒泰"。时间一长,人们基本忘记了茶号老板肖勋臣的姓名,只记得"肖恒泰"三个字。

肖恒泰茶号主营白茶与红茶,并将来百顺桥做茶叶生意的小商小贩联合起来,经协商统一给政府缴纳税款后,将茶叶运出销售。肖恒泰茶号的茶叶主要有两个销售方向,一是从百顺桥、岗坪、大树垭、三路口、白果坪、南北镇销往湖南石门泥市,经精加工后外运出口;二是经鹿耳庄、湾潭、五峰、渔洋关等地运往汉口出口。由于肖恒泰茶号自主经营的红茶规模较大,加上对百顺桥茶区小茶商具有统一规范纳税的作用,官方非常关注,1934年4月25日,鹤峰县政府时任县长赵翰卿为防止肖恒泰茶号茶叶在运输途中受阻,亲自给肖恒泰茶号开具了临时缴税后的证明书。肖恒泰茶号是鹤峰、五峰两县交界处保留时间最长的茶庄,主要收购田家村、寻梅台、桃山、梅山以及五峰县岗坪等地茶园的茶叶。由于茶号经营迅速扩展,在主要经营茶叶的同时,也开始经营桐油、药材、生漆等土特产,肖家因此成为当地的大户人家。茶号老板肖勋臣雇请了专门的红茶制作师傅，在收购红茶最忙的季节，还会雇请一部分普通拣茶工。后来肖勋臣开始追求老爷式的生活，逐渐染上了吸食鸦片的恶习。尽管鹤峰县政府为了保护肖恒泰茶号在本县茶叶经营中的显赫地位，多次劝其戒掉吸食鸦片的恶习，且为他专门发了《特许限期戒烟执照》，但肖勋臣并未痛改前非，致使红茶收购、加工难以为继，生意很不景气，其茶号开始走下坡路。新中国成立后，茶庄入社，即由当地农业生产初级合作社管理。肖恒泰茶号的老板肖勋臣后于1960年9月12日病故在百顺桥的付家台上。

肖勋臣是鹤峰县燕子镇百顺桥村制茶与销茶的代表人之一，是当地营销白茶、红茶的著名经纪人，更是万里茶道鹤峰段百顺桥茶区茶叶贸易的开拓者之一。他留下的一些文献资料，为后人研究百顺桥茶区的经济贸易、文化交流情况提供了宝贵的文献依据。

14.6 黄足三

黄足三，1911年8月25日出生于五峰渔洋关，10多岁师从江西修水制茶技师樊希壁等人，后来成为五峰、鹤峰一带著名的制茶技师，在鹤峰精制茶厂工作10多年，是鹤峰茶叶发展历史中举足轻重的人物。

1923年，10多岁的黄足三进源泰茶号做帮工。他学艺数年，对毛茶收购、半成品加工、制茶工艺等都娴熟精通。

新中国成立初期，中国茶叶公司中南区公司渔洋关宜红办事处招募黄足三为技术人员。该办事处主要负责出产宜红茶的湖北省宜都、五峰、鹤峰、长阳、恩施和湖南省石门等地的茶叶相关事务。

1950年9月中旬，黄足三带领100多名茶叶精制加工人员，赶赴汉口茶厂突击加工出口宜红工夫茶。黄足三临危受命，担任汉口茶厂红茶精制加工车间技术总领班、车间主任和技术员。1952年10月，中国茶叶总公司和华东区公司部分专家来汉口进行业务指导和技术交流，恰遇中南区公司在汉口茶厂选样会上评宜红毛茶。到场的都是国内赫赫有名的茶叶行家,要求黄足三点评宜都、五峰、长阳、鹤峰四县选送套样的优缺点。黄足三从树种到水土,从外形到内质,从滋味到汤色,一一道来,最后总结道:鹤峰茶最好,五峰茶次之,再后为长阳茶和宜都茶。黄足三的评讲很快吸引了专家们的注意。1954年,黄足三作为茶叶生产加工的技术骨干,被调到直属中茶公司的广东省茶叶公司,并到广西、福建和海南等产茶区举办培训班,进行业务技术辅导。1958年,黄足三身患支气管炎、哮喘和肺结核,病退回到家乡渔洋关,正遇鹤峰县创办红茶精制厂。1960年6月开工在即,茶厂终于打听到黄足三已从广东病退回家,书记、厂长慕名从鹤峰找到渔洋关凤凰山黄家。黄足三因此打点行装来了鹤峰。

到鹤峰茶厂后,黄足三带病上阵指挥生产,统一安排调度生产和技术方面的事。鹤峰县委、县政府领导要求茶厂为黄足三单开小灶,按副县级标准列支。当时,即使是县长、书记也未单开小灶,全鹤峰单开小灶的唯独黄足三一人。

8月中旬试投产,当年加工生产成品1700担,分两批加工完成,全部调往省公司。当时鹤峰茶厂未经注册,省公司先是拒收,后提出2—6级工夫茶依次降一个等级,可厂里一算账,要亏6万元。书记、厂长十分焦急地问黄足三怎么办,黄足三说:"降级不行,商量不下来,货全调广州!"

湖北省茶叶公司对鹤峰茶厂的产品先拒收后降级,也是事出有因。一是当时宜红茶精制茶厂在省内已有恩施、宜都两家直属省公司,湖南石门茶厂的产品也是调湖北,三家茶厂都因原料不足,未能满负荷生产。鹤峰县未经批准擅自办厂,属于重复建设。二是二十世纪五六十年代对茶叶精制加工的要求十分严格,茶厂在加工茶叶时,需由省公司、商检局派驻质检员监制加工,鹤峰茶厂独行其事,未经质检员监制加工。

降级之事拖到1961年春,省公司召开一年一度的业务工作会议,鹤峰茶厂书记和黄足三作为列席代表到会。黄足三主动提出将鹤峰的宜红工夫茶拿出来公开会评。主持人为省公司技师郗国文(吴觉农的弟子,复旦大学毕业)。郗国文评讲到鹤峰茶的降级因素时说:"身段过于粗大,与规格不符;开汤冲泡后,闻有烟味。"郗国文评讲后,黄足三认为,与部颁标准比,鹤峰茶身段略显大是因为鹤峰茶为大叶树种,但其嫩度好于他厂;鄂西雨水多,平时空气湿度大,毛茶初制若遇雨天,均为柴火烘烤,此为多年习惯,因此闻有烟味现暂无法改避。黄足三小结道:用茶叶八个方面的技术品质要求来评上述四个厂的茶样,鹤峰茶整体上优于另外三种。在场人员多属各产茶县技术员,鉴评后,绝大多数表示赞同。

审评茶叶对茶叶提出质量问题容易,若把问题说成不是问题就难了。这次省公司的郗技师和鹤峰茶厂的黄技术员算是行家遇到里手,最终依了黄足三的意见:鹤峰茶改进不足,所运之茶按原级验收付款。茶厂书记一算账不仅不亏,反而盈利17万元。按当时的职工工资水平,17万元可支付近500名行政人员一年的工资,解决了当时鹤峰县四分之一行政人员一年的工资问题。

1961年至1965年是新中国成立后政治、经济建设等各方面都发展较快的几年。鹤峰茶厂便创立于这一时期,投产第一年盈利17万元,随后几年逐年上升,到1963年累计上缴利润突破60万元,连年被评为县级红旗单位。黄足三和他主持的审评室自建厂五年来,有四年被评为全县和系统劳模、先进班组。这也是鹤峰人民对黄足三人生价值的充分肯定。

正当黄足三在鹤峰的事业如日中天的时候,1966年"文革"到来,社会秩序被打乱,鹤峰茶厂处于半停产状态。黄足三晚年回忆起在鹤峰工作生活的那10多年,总是无限感慨地说:"在上上下下勒紧裤腰带,吃不饱饭、饿死人的年月,鹤峰按副县级标准给我单开小灶,我死都忘不了啊!"

1974年10月,五峰县精制茶厂破土动工,1975年8月投产准备工作基本就绪,万事俱备,只欠东风——就是要请一位熟悉茶叶精制加工流程、产品技术指标,具有实际茶叶审评、拼配工作经验和一定茶叶出口业务知识的能人指导。经过千挑万选,黄足三成为最佳人选。

五峰县精制茶厂两次赶赴鹤峰求援,因鹤峰不放黄足三,后由五峰县财办、工交办的领导三顾茅庐,与鹤峰县政府、县财办商谈多天,终于说动了有关领导,同意黄老支援五峰。黄老到五峰后,其工资仍由鹤峰茶厂按月计发。

年逾花甲的黄足三从10多岁光着脚板在源泰茶号学艺到民生茶号大包头,从率100多名五峰茶工开赴汉口茶厂而声名远播广东五羊城,再到鹤峰当技术员让鹤峰茶叶产业发展蒸蒸日上,可谓贡献颇多。1979年,黄老把审评、拼配工作交给了他人,自己退居二线。之后又有宣恩茶厂、建始茶厂、利川茶厂和鹤峰白果茶厂等处请黄老作技术指导,黄老不仅耐心给予指导,还不收任何额外报酬。

黄足三从事茶叶加工、精制、审评、拼配工作60多年,他所经手的茶有红、绿、乌、白、黑、黄六大类,审评、拼配出口茶万吨以上,出口到世界五大洲40多个国家和地区。黄足三大半生与茶相伴,是鹤峰、五峰一带贯穿半个多世纪的茶叶界传奇人物。

14.7 夏承德

夏承德,清咸丰己未年(1859)腊月十六日出生于鹤峰县五里乡水泉村白雁头一户贫穷的农民家中,儿时上过私塾,由于家庭贫寒,早年辍学,为谋生,15岁时到红岩河(今鹤峰邬阳乡龚家垭村)锅厂当学徒。

由于夏承德能吃苦耐劳,两三年下来就学会了生产生锅的全部工艺,人又生得机灵,说话做事十分老练,因此深得老板的器重。老板见他办事严谨、忠诚可靠,便让他承担了锅厂的销售大任。夏承德为人和善,做生意以诚信为本,深得广大消费者的信赖。经过几年的努力,他不仅使锅厂的生意在本地红红火火,还将产品销售到了湖南的泥市、石门、津市等地,为锅厂赚取了大量钱财。

这时,锅厂的老板夫妇年事已高,膝下又无一儿半女,见夏承德确为忠厚之人,便将其收为义子,把锅厂全权交给夏承德打理。经过几年的打拼,夏承德积累了不少钱财。义父、义母后来相继去世。此时,夏承德已是而立之年。他在湖南销售生锅的时候,发现广商卢次伦在石门泥市开办泰和合茶号,专事收购加工销售鹤峰等地的茶叶。夏承德认为这是一个好机会,虽然广商在五里坪、鹤峰城、留驾司、百顺桥都开设了茶庄,但关外走马坪一带还没有茶庄,便萌发了到走马坪开设茶号的想法。清光绪二十六年（1900），为筹集资金，夏承德将锅厂廉价转让，迅即来到走马坪寻找可租赁的房产开设茶号。夏承德真正是顺风顺水，恰在此时，走马坪覃家大财主正要变卖街头大白果树前一座占地约2000平方米的大宅院，夏承德毫不犹豫，当即买下，开办起走马坪有史以来的第一家茶号——夏家茶号。

在往湖南石门泥市泰和合茶号销售茶叶的过程中，精明的夏承德通过各种关系，与名满湘鄂的大茶商卢次伦结交。两人年龄相当，又同为生意人，相处起来非常融洽。夏承德为人谦和，办事忠实可靠，深得卢次伦的赏识。夏家茶号也就成了泰和合茶号亲密忠诚的合作伙伴。卢次伦曾对夏承德表态说："你只管放开手脚干，凡夏家茶号生产的红茶，有多少我要多少。"为确保夏家茶号的红茶质量万无一失，卢次伦还专门为夏家茶号请来了安徽制作红茶的师傅。自从有了卢次伦这个靠山，夏家茶号更是如虎添翼，得到了飞速发展。夏家茶号的从业人员从最初的30多人扩大到400多人，建立了财务、收购、粗制、精制加工、保管、运输销售、总务7个机构，其骡马由最初的3匹发展到30多匹。茶叶年产量由2万多斤发展到20多万斤，茶叶总产量占到了整个鹤峰的近三分之一。茶叶收购点分布在关内的南渡江、桃山、大木坪、南村、寻梅台，以及关外的铁炉坪、阳河、细沙坪、芭蕉河。经过几年的经营，夏家茶号还另设了两处分号，成为关外走马、铁炉一带最大的茶号。

夏承德成为大茶商之后，始终保持着勤劳节俭的作风，不但没有一点老板的架子，而且和工友们同吃同劳动。他常常亲自赶骡子送货到泥市，而且从山路上经过时，还顺便拣一些柴打成小捆放在驮架上。到了客栈，老板问他吃什么时，他总是笑答："你只管把骡子喂好就行，人的生活你就不要管了，我自己带有柴米和盐蛋，只借用一下你的锅灶就行了。"他每次吃饭时，人们都会看到他面前摆着一个盐蛋，那盐蛋的一头有一个洞，他吃一口饭，再用筷子在盐蛋洞里点一下。后来走马坪传出了一个笑话："夏承德从津市打一个回转，一个盐蛋才挖了一个洞。"由此可见，夏承德的节俭在宜红古茶道上是出了名的。

虽然夏承德自己生活俭朴，但其茶号里工人的薪资要高于其他地方，年终还有红包，所以工人师傅们都愿意在夏家茶号工作。

　　夏承德常对子孙们说一句话："宁肯亏自己，也不能亏别人。"夏承德对茶农更是有求必应，不仅借钱不计利息，还可以用来抵来年的茶叶款，实在是无力偿还的，便一笔勾销，所以茶农们不管走多远的路，都愿意把茶叶卖给夏家茶号。

　　夏承德一向乐善好施，凡是有地方上特别贫穷的或远方逃荒刚来本地的人家，病死了人却没有能力安葬的，他都一律施与棺材进行安葬。地方上的乡亲们都亲切地称他为"德公"。积德行善是他一生为人的根本。在关外，有关夏承德的故事一直流传至今。

　　夏承德筹划在夏家湾（位于杨家场紧靠官鼎坪一带）修建一处大型宜红茶加工基地，将附近分散加工宜红茶的小作坊集中起来。民国八年（1919），石门宜沙大茶商卢次伦遭盗匪骚扰，这严重影响了宜红茶的生产、运输和销售，泰和合茶号被迫停业。夏家茶号失去了销售渠道，只好于次年关门停业。夏家茶号自1900年建成开业至1920年关闭停业，前后经历了20年的风风雨雨，也辉煌了20年，最后消失在宜红古茶道上。

　　后来，夏承德置办田产，带领子孙进行农业生产，1944年冬，病逝于走马镇杨家场附近的夏家湾，享年85岁。

十五、文献补遗

15.1 地方文献

地方志

《世述录》称：神仙园、陶溪二处茶为上品。今查各处所产，无甚分别。

——道光《鹤峰州志》卷七《物产志》

容美茶。容美贡茗，遍地生植，惟州署后数株所产最佳。署前有七井，相去半里许，汲一井而诸井皆动，其水清冽，甘美异常。离城五十里，土司分守留驾司、神仙茶园二处所产者，味极清腴。取泉水烹服，驱火除瘴，清心散气，去胀止烦，并解一切杂症，现生产更饶。咸丰甲寅年，高炳之同众公议，遂创首请示设栈，多方经营，由是远客鳞集，城乡悉食其利，而财源渐开矣。录之以为兴利者劝。

——同治《续修鹤峰州志》卷七《物产志》

红茶。邑自丙子年广商林紫宸来州采办红茶，泰和合、谦慎安两号设庄本城五里坪，办运红茶，载至汉口，兑易洋人，称为高品。州中瘠土，赖此为生计焉。

——光绪《续修鹤峰州志》卷七《物产志》

　　建国前，鹤峰制茶的工具是：木缸、木槽（称为茶槽）、篾钵。这些工具都是供制茶揉捻之用。揉捻时，将蒌凋或制绿茶的杀青叶放入以上器具内，用脚踩挫。叶老或力小，背上背着放有石头的背篓，增加重量，便于茶叶成条，妇女揉挫力小，脚穿新草鞋，增加摩擦力，使之叶细胞破碎，叶子卷条。

　　发酵（俗名发汗），即用破棉絮打湿后盖于茶丕的表面，避免表面茶叶枯焦。干燥即饭后余火或木炭烘干，天晴多是日光晒干，用阳光干燥，红茶还可以，绿茶一晒即是晒青茶，味道不好，有太阳气。

——1947年《鹤峰县特产志》

奏折

头品顶戴湖广提督臣裕禄、头品顶戴湖北巡抚臣奎斌跪奏：

　　为湖北鹤峰州矿局商董原报被匪烧抢格杀二命一案，现经提讯被证，供情大相悬殊，请旨将该局委员交部议处，著令交出商董及滋事砂丁归案审办，恭折仰祈圣鉴事。

　　窃据委办湖北鹤峰州矿务江苏试用同知李朝觐禀称，该员禀奉北洋大臣批准接办鹤峰州矿务，于光绪十二年十月进山，谕令商董林朝登在山董办。该员自回上海，忽接林朝登禀：是年十一月十七夜被盗撞门入局，抢去银钱衣物，当经扭获王振友、徐子清、殷恒文三名。十九日早，该匪复往，将局中抢劫一空，丁役抵拒，格毙抢匪二名，是夜被匪等将局屋烧毁，并烧抢邻居陶承科家，开具失赃并抢匪谢加贵等二十八人名单，禀请饬拿讯追究办。并据鹤峰州知州刘槭林将会营勘验情形，填格通详声明，访查此案起衅根由，实因该处乡民以开挖铜矿有坏地脉，往局理论，被局董林朝登扭住王振友等三人关禁不放，以致激成事端等情。臣等当以案关重大，是否匪徒平空抢劫，抑系商董与民未洽致滋事端，亟应提省澈底根究，庶免枉纵。批司委员前往守提人证卷宗来省，饬发武昌府审办。旋经该府提讯现到之谢加贵等，各供与林朝登原报情节互异，详经分咨，直隶江苏檄饬李朝觐速令林朝登即林子成带同砂丁人等，赶紧来鄂备质在案。兹据武昌府知府李有棻详称：屡提案内被证监生戴文术，民人谢加贵、王振友、殷恒文、黎占元、严其昌、林长宽，隔别研审，据各供称，广东职员林朝登即林子成，从前曾在鹤峰州山内开矿多年，因矿苗未旺，旋挖旋停。光绪十二年十月，闻江苏试用同知李朝觐复在州境九台香地方设局开矿，林朝登充当董事，坐局督办。该处附近乡民惑于风水之说，因挖矿有伤地脉，以致年岁荒歉，米价昂贵，众情怨恨，十一月十七日，有民人张正幅为首，邀同潘祚林、戴文术、王振友、殷恒文、徐子清及各堡不记姓名多人，徒手偕抵矿局，央求停挖，林朝登不允，斥骂，致相争闹，局中砂丁各执刀矛砍戳致伤，张正幅、潘祚林身死，戴文术等亦各受伤逃散，王振友、殷恒文、徐子清行走落后，被局丁捉住关禁。林朝登等虑恐报复，随将局内银钱衣物搬寄邻人陶承科家。十九日，该乡民因被局丁杀伤张正幅等两命，并将王振友等三人关禁不放，愈怀不服，聚集多人，齐往该局理论。林朝登与砂丁人等均即逃避。先经该州访闻，札饬山羊隘巡检刘礼仁，会同卫昌营白果坪外委陈先明，驰至弹压解散，维时入局观看者人多手杂，不知何人将火星遗落纸堆，被风吹燃，以致焚毁局屋并延烧陶承科住房，伊等实无抢劫放火情事，再三究诘并加刑吓，均各极口呼冤，必须提问林朝登及砂丁人等质讯方可定谳。查林朝登系江苏试用同知李朝觐所派商董，迭次开传未到，应请著令李朝觐交出，解鄂讯办等情由臬司成允核明详请，具奏前来。

臣等伏查此案，鹤峰州矿务局如果实被盗匪平空烧抢，则该盗姓名事主岂能尽知，何以该商董林朝登初报词内即历历指明各匪名姓开单请缉？且果系盗匪数百人持械拒捕，互相斗格，又何以局内砂丁竟无一人受伤？原报情节本属支离。现经提讯戴文术等，佥供该处乡民系因挖矿有伤地脉，至局求停致启衅端，并无抢劫衣物之事。揆诸情理似尚可信，惟据称局屋系遗火延烧，伊等均不在场，词出一面，非林朝登等到案质讯，难期水落石出，虽经迭次开传而案延一年，迄未来鄂投到，更难保非情虚畏避。该局委员李朝觐禀准来鄂开矿，并不亲身在局料理，辄派广东职员林朝登督办，委任非人，致酿两命重案，实属咎有难辞。相应请旨，将江苏试用同知李朝觐交部议处，著令速将林朝登及滋事砂丁人等一并交出，解鄂归案审办。至此案无干之人，应请先行省释，其应行候质各被证亦饬发回鹤峰州，取具的保，俟林朝登等到案,再行提集质讯,分别定拟,以昭核实,而免拖累。余分咨查照外,谨合词恭折具奏,伏乞皇太后、皇上圣鉴训示。谨奏。

皇帝御批:李朝觐著交部议处,余依议。该部知道。

光绪十三年十二月初十日

——光绪皇帝御批的湖北鹤峰州矿局官司的奏折

档案

湖北省建设厅关于羊楼洞茶业改良场技术人员到达五峰、
鹤峰工作时请协助的代电

五峰、鹤峰县长览。案据本省羊楼洞茶叶改良场之长徐方幹呈称:本场改进茶业工作宣传指导与栽培制造并重,鄂西产茶以五峰、鹤峰两县为最多,故本场工作区域亦以该两县为最要。惟茶农知识锢蔽,墨守成规,欲求新理、新法制灌输,虽舌敝唇焦亦恐难收改进之效。惟有凭借政治力量因势利导,果得少数茶农尊行有效,则改良自属易之。拟恳准予令饬五、鹤两县之长于本场技术人员到境工作时,责成各联保主任及保甲长多方协助保护,冀收逐渐改良之效等情。查核尚属可行,除分电外合行电仰该县长于该场技术人员在境内宣传指导时,转饬各联保主任及保甲长协助保护以利进行为要。

建设厅长郑宜建四字

渔洋关、羊楼洞茶叶改良场徐之长茶字第五十八号呈悉,已分电五、鹤两县之长,与该场技术工作人员到境工作时,饬属协助保护以利进行矣。电外合行仰即知照。

厅长郑宜建四印

——湖北省档案馆

鹤峰县政府为派本府合作指导主任姚昌明来该乡指导增设组织茶叶生产合作社令仰切实协助由(1944年4月)（节录）

鹤峰县合作社联合社组设茶叶生产运销合作社意见

本县茶叶为地方唯一外销货品,其产量在清末民初间已达百万余斤,以本省茶叶输出论,亦占重要地位。乃自民七以后地方不靖,人民流离,救死不遑,此种天产因乏人力之培养而一落千丈。际兹抗战终结,民力稍舒,若能予以切实之合作,组织从事种植之培养、制造之改良以及运输等等,则茶叶为解决本县民生问题一部之理想必能获得实现也。兹提供意见如左:

一、凡产茶区域,均应一律组织茶叶生产运销合作社(统名产销合作社)。

二、产茶区域适当于乡合作社之地址者,应于乡社内加设茶叶产销部。不当于乡社者,应不以行政区为限,得于两乡或数乡之间组设单位合作社。

三、本县合作事业早具成效,其间或因办理非人致惹少数人民之误解。兹作下列之调整:

(甲)加强合作行政。

(乙)加强合作金融。

(丙)聘请社会贤达出任合作辅导委员。

(丁)县府合作工作人员不敷分配时,应饬县联社加设合作辅导员数名,专任辅导各乡保社或单位社之一切业务。

(戊)对于各乡负责人员,应劝当地公正人士担任。

(己)各社会计制度应切实独立。

四、各地茶农应一律劝其入社,社员植茶地亩及茶叶产量应切实登记,以便从事指导改良工作。

五、县联社应采中心社制度,对乡保单位,各社应负辅导、供应、信托、技术、人员之供给等专责。

六、各产销社部应一律于四月十六日以前组成。

以上六项是否可行应请核夺。

谨呈

县长王

黄敬叔

三月二十八日

——鹤峰县档案馆

为准四联总处代电检送三十六年度茶贷方案
请查照转知各茶厂与当地农民银行遵洽等由（节录）

湖北省政府训令三十六年四月二十四日省建四字第一一一六零号

令鹤峰县政府：

　　查本省产茶素丰，以所产外销砖茶及红茶为最著，曾蜚声中外市场。产区遍布鄂南、鄂西、鄂东各县，面积广约521.770市亩，产量年达284.201担。抗战军兴，鄂东、鄂南产区相继沦陷。鄂西因受战事影响，交通梗塞，外销完全停滞，内销亦感困难，遂致茶园荒芜、茶树砍伐、茶具损失，茶农、茶商均告失业。抗战胜利后，对于茶园复兴、茶业发展、茶农扶植及制销等项亟待积极规划，以冀增进茶产。但囿于资金，无法展开推进工作。曾就民生茶叶公司之产销配备可生产砖茶五万箱、红茶五千担、绿茶二千担，鄂南、羊楼洞之义兴、聚兴顺可生产砖茶五万箱。鄂西之天生茶叶公司厂商及合作社亦可大量生产外销红茶约五千担。本年各茶成本按目前物价估计，砖茶每箱约需款七万元，红茶每担约需三十万元，以一万担红茶计算，需款三十亿元。砖茶十万箱，需款七十亿元，合计需款壹百亿元。

　　经拟定本省三十六年度茶叶产销贷款计划，分电四联总处、农林部、农民银行总管理处及农行汉口分行洽办在案。兹准农民银行总处本年□江京农第15342号代电复以茶贷额度正由四联总处核议中。一俟将定，当即转知汉口分行办理。又准四联总处秘书处同年□支京业第10082号代电，节开省建四特第1392号代电，敬悉本年度各省茶贷，业经洽准中国农民银行拟具三十六年度茶贷方案，提□本总处理事会议决议，准先在四、五两月各省共贷贰佰捌拾亿元等因。除分电外，相应节拟三十六年度茶贷方案，复请查照，并请转知各茶厂、茶场与当地中国农民银行径洽，或由附送三十六年度茶贷方案一份,准此自应照办。除电农行汉口分行查照洽贷暨分令产茶各县府级各茶厂、茶场等径洽押贷,并递饬农业改进所过办外,合行拟发原茶贷方案,令仰转饬。

此令

附拟发四联总处三十六年度茶贷方案一份

主席　万耀煌

三十六年度茶贷方案

（一）宗旨

以协助国茶出口供应制销资金为主旨,参酌各区产茶情形及目前国际市场价格,拟定贷款数额以求生产与销售之配合。

（二）各区外销茶产量估计

区域	估计产量	备注
祁红	二万五千担	包括浮梁五千担
屯绿	四万担	包括婺源八千担、赣东三千担
平绿	五万五千担	
杭湖	一万担	
温州	一万五千担	
福建	三万担	
宁红	八千担	
鄂红	五千担	
湖红	九千担	
共计十九万七千担		

——鹤峰县档案馆

民国鹤峰县相关牙帖文件

峰二字1495号

事由：呈赍本县五月份填用牙帖、缴核、保结、手续料、清册等项祈鉴核注册由。

案查本县填用短期牙帖、缴核、保结、手续料及牙户清册等项业经呈送至四月份止，在案兹查五月份。各新旧牙户洪尊三等先后请领偏下暨偏特下短期牙帖，取具保结缴纳税捐，当填给印帖，发交各牙户收执营业。又据牙户张永顺、恒升康存正、福太兴洪丕范、欧愈兴、彭钦若等五家呈请歇业等情，到府经查属实，除税捐列入五月份省属税捐征解月报外，理合造具各牙户清册，连同手续料四元八角、保结二十一纸、缴核二十一张、旧帖十张，一并备文呈赍。

钧府鉴核分别注册注销实为公便。

谨呈

湖北省政府代主席严

计呈送五月份牙户清册一份、保结二十一份、缴核二十一纸（内偏下十一纸　内偏特下十纸）、手续料四元八角、旧帖十张（偏下九张　偏特下一张）

鹤峰县县长段

民国二十八年五月卅日

鹤峰县牙户清册（节录）

姓名	牌号	地点	货物	等则	新领或捐换	有效期间	牙帖字号	摘要
洪尊三	鹤合兴	县城外	茶行	偏下	捐换	二十八年四月廿四日起 二十九年四月廿三日止	吕字第945号	保结一纸 旧帖一纸
熊香芹	公益盛	走马坪	猪行	偏下	捐换	二十八年五月五日起 二十九年五月四日止	吕字第946号	保结一纸 旧帖一纸
熊香芹	公益盛	走马坪	谷行	偏下	捐换	二十八年五月五日起 二十九年五月四日止	吕字第947号	保结一纸 旧帖一纸
陈炳清	盛源	城外	茶行	偏下	新领	二十八年五月二日起 二十九年五月一日止	吕字第948号	保结一纸

（续表）

姓名	牌号	地点	货物	等则	新领或捐换	有效期间	牙帖字号	摘要
张兴发	兴生和	城外	茶行	偏下	新领	二十八年五月二日起 二十九年五月一日止	吕字第949号	保结一纸
洪哲人	恒兴	城外	茶行	偏下	新领	二十八年五月三日起 二十九年五月二日止	吕字第950号	保结一纸
向长荣	向茂祥	百顺桥	茶行	偏下	捐换	二十八年五月廿四日起 二十九年五月廿三日止	天字第801号	保结一纸 旧帖一纸
胡必精	裕大长	留驾司	茶行	偏下	捐换	二十八年五月十五日起 二十九年五月十四日止	天字第802号	保结一纸 旧帖一纸
周海门	周宏太	留驾司	茶行	偏下	新领	二十八年五月十五日起 二十九年五月十四日止	天字第803号	保结一纸
周可垒	福盛泰	走马坪	粮行	偏下	捐换	二十八年五月卅一日起 二十九年五月卅日止	天字第804号	保结一纸 旧帖一纸
周可垒	利贞永	走马坪	猪行	偏下	捐换	二十八年五月卅一日起 二十九年五月卅日止	天字第805号	保结一纸 旧帖一纸
王祖述	永昌	马家峪	茶行	特下	新领	二十八年五月七日起 二十九年五月六日止	天字第404号	保结一纸
周致和	庆和	走马坪	茶行	全	新领	二十八年五月七日起 二十九年五月六日止	天字第405号	保结一纸
洪育人	育记	城外	米行	全	新领	二十八年五月八日起 二十九年五月七日止	天字第406号	保结一纸
陈明远	恒兴	上寻枚	茶行	全	捐换	二十八年五月五日起 二十九年五月四日止	天字第407号	保结一纸 旧帖一纸
欧高位	福发	五里坪	茶行	全	新领	二十八年五月十四日起 二十九年五月十三日止	天字第408号	保结一纸
陈昌岐	陈太和	卯子山	茶行	全	新领	二十八年五月十六日起 二十九年五月十五日止	天字第409号	保结一纸
唐茊臣	鹤兴公	燕子坪	茶行	全	捐换	二十八年四月十八日起 二十九年四月十七日止	天字第410号	保结一纸

（续表）

姓名	牌号	地点	货物	等则	新领或捐换	有效期间	牙帖字号	摘要
王桂荣	茂兴义	白果坪	猪行	仝	捐换	二十八年五月廿二日起 二十九年五月廿一日止	天字第411号	保结一纸
王桂荣	茂兴仁	白果坪	粮行	仝	捐换	二十八年五月廿二日起 二十九年五月廿一日止	天字第412号	保结一纸
洪玉廷	洪恒顺	龙子坪	茶行	仝	新领	二十八年五月廿七日起 二十九年五月廿六日止	天字第413号	保结一纸
张佐臣	张永顺	城外	茶行	偏下	歇业	二十七年四月底起 二十八年四月底止		旧帖遗失
欧用五	愈兴	五里坪	茶行	偏下	歇业	二十七年五月三日起 二十八年五月二日止		缴旧帖一纸
康存正	恒升	钟家巷	茶行	特下	歇业	二十七年五月七日起 二十八年五月六日止		旧帖遗失
洪丕范	福太兴	龙子坪	茶行	特下	歇业	二十七年五月廿三日起 二十八年五月廿二日止		旧帖遗失
洪振玉	春祥	走马坪	山货	偏下	新领	二十八年六月廿三日起 二十九年六月廿二日止	天字第506号	保结一纸
向夕寅	民生	城外西街	米行	偏特下	新领	二十八年六月一日起 二十九年五月卅一日止	天字第415号	保结一纸
田膺九	同兴	南北镇	粮行	偏特下	捐换	二十八年四月二日起 二十九年四月一日止	天字第414号	保结一纸 旧帖一纸
张正源	鑫记	走马坪	猪行	偏下	新领	廿八年七月五日起 廿九年七月四日止	天字第807号	保结一纸
覃德安	广兴	五里坪小街	漆行	偏特下	新领	廿八年七月廿日起 廿九年七月十九日止	天字第416号	保结一纸
朱朝策	朱万顺	五里坪	漆行	偏特下	新领	廿八年七月廿九日起 廿九年七月廿八日止	天字第417号	保结一纸
谭圣祥	裕盛祥	走马坪	油行	偏特下	新领	廿八年九月四日起 廿九年九月三日止	天字第420号	保结一纸

姓名	牌号	地点	货物	等则	新领或捐换	有效期间	牙帖字号	摘要
闵章卓	同春和	白果坪	油行	偏特下	新领	廿八年九月六日起 廿九年九月五日止	天字第421号	保结一纸
王泽菴	广大利	白果坪	山货行	偏特下	新领	廿八年九月十一日起 廿九年九月十日止	天字第422号	保结一纸
闵章卓	同春和	白果坪	盐行	偏特下	新领	廿八年九月十二日起 廿九年九月十一日止	天字第423号	保结一纸
黎永安	同春和	白果坪	山货行	偏特下	新领	廿八年九月十七日起 廿九年九月十六日止	天字第424号	保结一纸
朱魁武	朱万兴	陆家台	漆行	偏特下	歇业			缴旧帖一纸
陈昌岐	陈太和	卯子山	茶行	偏特下	歇业			缴旧帖一纸
覃奉乾	永兴乾	五里坪	粮行	偏特下	歇业	自廿七年十二月十七日 至廿八年十二月十六日	□字816号	经县二字二十九零三号呈缴旧帖在案
谢士范	同利	南北镇	猪行	偏特下	歇业	自廿七年九月六日 至廿八年九月五日	□字814号	经县二字二十九三八号呈缴旧帖在案
彭嗣韩	恒泰	五里坪	猪行	偏特下	新领	自廿八年十二月五日 至廿九年十二月四日	天字425号	保结一纸
陈真义	陈真义	五里坪	谷行	偏特下	捐换	自廿八年十二月廿四日 至廿九年十二月廿三日	天字426号	保结一纸旧帖俟追□到府再行□呈
李彩臣	双盛隆	南北镇	猪行	偏特下	捐换	自廿八年九月十二日 至廿九年九月十一日	天字427号	旧帖一纸保结仍旧
陈桂生	隆盛兴	南北镇	猪行	偏特下	新领	自廿八年十二月廿四日 至廿九年十二月廿三日	天字428号	保结一纸

（续表）

姓名	牌号	地点	货物	等则	新领或捐换	有效期间	牙帖字号	摘要
李开盛	隆盛	南北镇	盐行	偏特下	新领	自廿八年十二月廿四日至廿九年十二月廿三日	天字 429 号	保结一纸
周泽龙	周太和	走马坪	盐行	偏下	新领	廿九年二月二日 三十年二月一日	天字 808 号	保结一纸
张正源	集成	走马坪	盐行	偏下	新领	廿九年二月廿四日 三十年二月廿三日	天字 809 号	保结一纸
金南山	金广源	五里坪	谷米行	偏特下	新领	廿九年二月一日 三十年一月卅一日	天字 430 号	保结俟补到再呈
于祖盛	宏盛	阳河	山货行	偏特下	捐换	廿九年一月十一日 三十年一月十日	天字 431 号	保结及旧帖俟缴到再呈
欧用五	福兴	五里坪	漆行	偏特下	新领	二十八年八月一日 二十九年七月卅一日	天字第 418 号	保结一纸
王道芳	义生恒	白果坪	盐行	偏特下	新领	二十八年八月十五日 二十九年七月十四日	天字第 419 号	保结一纸
唐珍生	恒兴	五里坪	漆行	偏下	歇业	二十七年七月廿一日 二十八年七月廿日		（略）
周绍武	玉兴	王家坪	茶行	偏特下	新领	二十九年三月二日 三十年三月一日	天字第 432 号	保结一纸 牙帖、缴核一纸
侯云力	裕民	麻水岩屋冲	粮食行	偏特下	歇业			（略）
范业和	同兴盛	白果坪	谷行	偏特下	歇业			（略）
王安斋	裕厚昌	白果坪	猪行	偏特下	歇业			（略）

查各行于上年□领短期牙帖有效期间行将届满,着即备号税捐、保结、通用旧帖一并缴府,以凭□节新帖继续营业为要!

右通告

南城外永利茶行

南城外鹤合兴茶行

走马坪周裕兴茶行

南城外盛源茶行

五里坪同裕兴茶行

南城外兴生和茶行

五里坪源恒茂茶行

南城外恒兴茶行

五里坪永昌隆茶行

百顺桥向茂祥茶行

五里坪同和兴茶行

留驾司裕大长茶行

留驾司周宏太茶行

马家峪永昌茶行

走马坪庆元茶行

上寻梅恒兴茶行

五里坪福茂茶行

卯子山陈太和茶行

燕子坪鹤兴公茶行

龙子坪洪恒顺茶行

南北镇同兴粮食行

走马坪公益盛猪行

走马坪公益盛谷行

走马坪福盛泰粮行

走马坪利贞永猪行

南城外育记米行

白果坪茂兴仁粮行

白果坪茂兴义猪行

——鹤峰县档案馆

调查报告

鹤峰茶业产况调查报告
袁鹤

本报告提要

一、鹤峰产茶历史殊早,最盛之年,数达五万担,占该县全部土产出产额半数以上。

二、境内适宜于茶树之栽培,且茶叶产品经光绪年间美商考验结果:"宜红"虽逊于"祁红",但胜于"湖红",与"宁红"相若,现时年产约8.390[①]市担,面积约18.640市亩。

三、产制均亟待改进,并需金融上之协助。

(一)导言

鹤峰茶叶,向与桐漆并称,为鄂西特产之一,运销国外(名曰宜红)及鄂中、鄂北(名曰白茶)一带,素具声誉。最盛之年,达五万担,占该县全部土产出口额半数以上,且已有悠久之历史。农民生活之资源大半依赖于是,即鹤邑社会经济之舒困亦以茶产隆替为转移。惜以近年以来时局不靖,迭遭兵灾……农林破产,以致茶园荒

---

① 原资料作"八.三九〇",现根据《出版物上的数字用法》,改为阿拉伯数字,下同。

芜，又因茶农墨守成法，不知改进，兼以经营者不得其法，已不能持续旧有之盛况，而日趋衰落，几有江河日下一蹶不振之势，殆至今日，已降至万担以下矣，诚关心茶业者一望痛心也。

本年夏，鹤奉命前往调查，足迹所至步行实踏，爰将见闻所及，简陈如后：

（二）自然环境

甲、区域及地形：鹤峰产茶区域，第二区外，几遍及全境，以其地处群山之中，蛮獠错杂，故自古以来常为乱民啸聚之所，乍起乍平，殊无文物足观。武陵山脉为南岭旁支，自贵州之梵净山北出，经川东而进境，南回而入湘西，是以全境崇山峻岭，绝壁峭峰，地势多高出海面一千公尺，其最高山峰常为拔海二千公尺以上，固茶树极佳之生长地也。溇河源出本县，向东南而流入湘境澧水，尽属溪流之水，故全境无较大之河流，乏舟楫之通行。

乙、气候：本县气候大致四时温和，虽无海洋风之调剂，但以地处山中，故冬无严寒，夏无酷暑，温度冬季平均在摄氏1.5度以上，夏季平均在摄氏廿七八度之间，全年平均温度在16度以下，风向以季候风之转□冬，春夏多西南风，秋冬多西北风。雨量以四月至十月为多，平均二、四日降雨一次（以民国廿九年为标准）。笔者过去事茶于鹤一年之经验，雨量最多之月为五月至十一月，俗称清明、黄梅、桂花三时期，尤以黄梅雨为正，至旦连朝，淫雨霏霏，时有瘴疠之患，空气温度颇高，人觉蒸闷，冬春雨季有雪，大寒积雪三四寸，丘陵蟠绕之中有倍之，峰高之处则入于雪线界，故无终年积雪之山。

（三）产量与面积之估计

鹤峰主要产茶地以集散地点为中心，兹述如下：

甲、城区：包括城区附近、大小溪、麻旺村、太平镇等处。

乙、留驾司：包括茶园坡、张家垭、两河口、北胜桥、寻梅台、莫家台、北佳坪等处。

丙、坪溪：包括上下坪溪、朱家山、官庄河、老村河、大面、北顺口、向家山、金家河等处。

丁、五里坪：包括南渡江、东乡坪、南村、红萝、燕子坪等处。

戊、铁炉坪：包括红坪河、芭蕉河、大典河等处。

我国农产数字之缺乏，每为研究农产品者所感到之最大困难，而茶叶又更为农家散植于山麓或宅旁田坎间者，对其产量之统计，更无从求得，即连估计数字，亦不易觅较为适当之根据。鹤峰茶叶之产量自亦无精确之数字。惟地方政府于清光绪年间曾有茶税之征收，每斤（二十四两）征一个半钱。年可收入六七万吊，名曰"学捐"，则当时鹤茶之产量，数在五万担以上，及至民国十年间，粤商卢次伦开设泰和合茶号于湖南石门之泥沙，在鹤峰境内经营收购红毛茶，每年数在八十万斤以上，如白毛茶之产量亦与毛红之产量相若，则每年全县产量合计为一百六十万斤，折合精茶已减少一万六千担上下矣。至民国二十二年，据国府统计处调查报告，鹤峰茶叶产量更减少至三千担，良以诱时适遭赤匪之乱，而此项统计数字，纯属地方政府之官方报告，其来源及根据税收而来，是以确实与否，诚为问题。

兹将最近四年来鹤峰茶叶之产量列表如下：

茶类	二十八年（1939年）	二十九年（1940年）	三十年（1941年）	三十一年（1942年）
红茶	7.450	9.000	0.150	0.400
白茶	6.810	5.590	8.390	6.850
合计	13.260	14.590	8.540	7.250

注：单位市担，材料来源二十八年系根据湖北省五峰茶业改良场万菊仪君之调查，二十九年系根据中茶公司鹤峰联合茶厂之调查统计，三十年、三十一年系笔者就实际情形估计数字。

上表数字，前二年因贸易委员会与中国茶叶公司先后均在宜红区办理茶叶贷款及收购业务，其产量曾一度受其刺激，故总数均在万担以上，二十九年战区内移，沙宜撤守，宜红运输路线一时中断，中茶当局遂放弃收购业务，鹤峰茶厂停办，五峰厂则尽量紧缩，因之其与二十九年产量之比较，下跌几及半数，兹假定民国三十年和三十一年两年之平均产量8.390市担，为最近鹤峰茶叶产量之标准，产量既经决定，即当从事茶园面积之推算。

我国水田面积，已不太精确，山地则更无法计算，普通农家估计山地一亩，彼此呼应以距离相近似为准。大江以南，则以粮册为据，此均跡近滑稽，但鹤峰茶区，以一担包谷作二亩山地,亦相去千里也。系根据中国茶叶复兴计划(商务)著者吴觉农、胡浩川两氏之估计,我国每亩茶园之产量约为干茶45市斤,则前文决定产量为8.390担,应有面积18.640市亩。

(四)种植方法一般

甲、垦植:鹤峰山地平坦者少,多为四五十度以上之角度,除七十五度以上之山无法垦植外,其他均辟为耕地,以栽杂粮或茶树。土质多为沙质良土,颇富有机质,而杂以沙砾者,亦复不少,其垦殖人工因山势倾斜过急,及当地农民之粗放,较其他区域为小,垦殖方法大致为第一步除去山上柴草及石块,第二步为整地,将每片作成数纵畦,而掘成梯形者,实百不得一。垦植方法分株、实播、移植三者兼有,但以实播为多数,皆用点播,株间距离大半杂乱无绪,株距三四尺至丈余,行距五六尺乃至数丈。其株距与行距之大,实为其他茶区所罕有,专用茶园者,绝无仅有,大多与杂粮间作。

乙、管理:鹤峰茶农对于茶园管理,至为粗放,除中耕除草每年亦行一二次,但其主要目的,在于间作物对于茶树则任其自然盛衰,届期采摘,不加注意。至于施肥除虫、剪枝等事,尤为疏忽,因肥料欠缺,茶叶发芽势弱,故枯枝死杆极多,而该县茶园危险性最大者,蹶为病虫害之烈,此次在鹤峰足迹所到之茶园,几无一不有此患,致影响生叶收量之减少,其耗损地力则尤大也。

丙、采摘:采摘次数最少一次,至多三次,普通均二次。采摘期第一次自清明至立夏止,城区附近亦有早在谷雨时采之者,第二次端午起至七月上旬止,第三次七月初至八月中止。其采摘时期,似较东南各省茶区为长。高山茶之采摘时期较低处稍迟而休止则较早,盖温度高低使其然也。采摘工多系自己家人为之,亦有互相交换工作者。若雇工采摘,本年每斤(二十四两)工资自一角至五角不等。

丁、制造:鹤峰茶叶多制内销绿茶,俗称"白茶"。其红茶之制造,大多采取茶商特约定销形式,乃红茶内销数量狭小之故也。兹一略述其制造方法于右:

(1)红茶

子、萎凋——采用日光晒萎,阴雨之天则不做红茶。

丑、揉捻——用大木桶以脚踏之，每次数量在十斤以上，条子比较松散，而女子踏揉时往往加穿新草鞋，致磨擦过甚，叶肉与纤维破列过度，致影响正常酦酵。

寅、酦酵——酦酵，鹤峰茶农称之谓"发汗"，其所用器具，大多利用背笼或园簸，间有堆置于晒席者，手续至为简陋。甚而酦酵过程中，茶叶水分自然蒸发而不设法自加，致往往发酵不匀，老青黑叶均由此发生，叶底色泽暗杂，其受此影响不少，而干茶之色香味三者，亦均因此而受损，此乃鹤峰红茶制造上最大病症之所在。

卯、焙干——利用阳光施行干燥，如无日光时，则在锅上或火旁焙干，故茶叶往往产生烟焦之异味，乃至七成干时，即入市脱售，如是红茶之初制乃成。

（2）白茶

子、炒青——白茶炒青均用做饭之锅为之，烧至锅红，倾入生叶约十斤左右，用树枝或手炒拌，至茶叶发出清爽燥声，即出以待揉捻。但因每次入锅炒拌之量过多，致翻拌不匀，且茶叶自茶树采摘后至入锅炒青过程之时间停留过久，鲜叶多已生姜凋作用，致干茶水色变成桂黄色而不绿，因之而减少其绿茶特具之青香味。

丑、揉捻——揉捻器有三种，即光面之木板、竹制之园簸或晒席，用手或足反复揉捻，至茶叶团结流出浆汁时止，然后解块，使条分离，摊散地上，翌晨复揉。

寅、干燥——干燥方法与红茶同，但因干燥时火力过弱，致茶叶在干燥期中产生强烈之酦酵作用，故绿茶之原意因此变质，水色劣变而成暗红。

（五）尾语

湖北产茶区域，以鄂南羊楼峒区及鄂西宜昌区为最著，前者以产量丰，后者则以品质胜，宜昌茶古称"彝陵茶"，乃五峰、鹤峰、长阳、恩施、宣恩、利川及湘西之石门等县之混合产名也。前清光绪年间，美国茶师曾至鄂西产茶区域考察，认定宜红之品质，虽稍逊于祁红（即安徽祁门一带所产者，为国内外销红茶之上品），较之湖红（即湖南安化一带及鄂南羊楼峒附近所产红茶之通称），实有过之，堪与宁红（即江西修水一带所产者，为国内外销红茶品质之第二级）相匹配，尤以鹤峰所产更称上品，不仅色香味俱佳，而浸汁程度亦较优，如石门、五峰各制茶厂商，必将鹤峰茶混合当地所产者方可出售，足证鹤峰茶叶品质之高尚。明清两代，曾列为贡物，茶商则多取以为样品也。其茶树之栽培，据老农传说，始于后汉三国，确在何时，实无可考。近年以来，因国际市场之变迁……茶农对于茶园，以农家经济薄弱与乏利可图，多漠不关心。兹就茶树行距株距疏密之整理，茶丛枝干综错之修剪，以及中耕除草、施肥、培土、台刈等各项工作言，虽均为茶园经营者之急务，但以其本身已疲蔽不堪，对此多忽略，不加重视。即今鹤峰茶园茶树之枯老凌乱，实有迅速改良与整理之必要。次就茶叶制造上方法之改进言，则更为当前要务焉。

综上所述，仅及鹤峰茶业产况大概与夫症结之所在，至其改进之道与运销改善之途径，其详非本文所能及者，均略之。

一九四二年十月于湖北省农业改进所（稍有改动）

鄂西茶业（调查报告）

一、前言

湖北茶叶，向极重要，每年输出国外约占总输出量四分之一，其主要产地可分为二路：一为通山、崇阳、咸宁、通城、蒲圻等县，以羊楼峒为中心；一为宜昌、宜都、长阳、五峰、鹤峰等县，以宜昌为中心。前者所产为砖茶与低级红茶，最盛时期只砖茶一项，约产二十余万石，红茶十万余石。后者所产为上级红茶，与祁宁比美，同驰誉于国外，居本省最重要之地位。近年来，羊楼峒之砖茶红茶，逐渐减退，几无茶市之可言，宜红由两万石左右，而降至今日，只出产一二千石，占盛时之十分之一，其惨败情形，实堪痛心，其致败之主因，固由于印锡日本等国敌茶之竞争，以及苏俄自植茶树以自给种种之影响，而茶农茶商墨守旧法，不知改进，品质渐次低劣，亦为原因之一，若再不设法救济，恐不久之将来，蜚声国际市场之宜红，不免绝迹于海外市场矣，实业部为整个改良华茶起见，对于本省茶叶，亦在协助之中，拨款补助，由湖北建设厅主办，因宜红为本省茶品之最佳者，故决定从宜昌区红茶着手，如获成效，再行推广改良羊楼峒之砖茶红茶，当较易易也，在未举办以前，对于宣昌茶区状况，应了如指掌，庶得事半功倍之效，兹将调查情形，分述于后，藉作改进之依据焉。

二、地势

鄂西地势颇为高峻，层峰叠嶂，举目皆是，自宜昌（海拔高50尺）至西北归、兴、施、五、鹤等县一带，万山绵亘，高度各异，如兴山之万朝山高2500尺，巴东之瓦蓬山高2700尺，长阳之天柱山、宜都之梁山、利川之佛宝山、五峰之界岭，俱在2000尺以上，谚云鄂西武陵山脉范围内以迄三峡夔巫，所谓地无三尺平，天无三日晴，其山之高耸，可想而知矣。

三、气候及雨量

A.气候：鄂西气候温和，无酷热亦无酷寒，兹以宜昌为标准，一月平均温度为摄氏3.5，四月16.5，七月28.2，十月18.7，全年平均温度则为16.3（较上海高1.3度，较重庆低2.8），以一月最冷，其温度较高于北平与上海，七月最热，其温度低于重庆与安庆，此可见鄂西温度适宜也。

B.雨量：雨量之供给适否，影响于农作物者甚大，世界雨量之分布，较温度之分布，尤不规则，盖雨量受水陆分布影响，较温度尚敏锐，普通限制，以一年平均雨量达一八时以上者，始能经营农业，亚洲海岸，因太平印度两洋，洋面广阔，水蒸气之蒸发甚盛，随夏季季候风，吹向东南海岸各山脉附近，成雨下降，由四月至九月之间，降雨较多，全年总量1129粍（合市尺三十七寸八分余），计一月为27粍，二月29粍，三月51粍，四月122粍，五月128粍，六月139粍，七月203粍，八月173粍，九月92粍，十月107粍，十一月43粍，十二月15粍，又以四季合算，春为301粍（占全年26.7%），夏为515粍（占全年45.6%），秋为242粍（占全年21.4%），冬为71粍（占全年6.3%）。其冬季雨量，虽少于广州无几（广州冬季占全年8%），若以春季相加，则少于广州甚远（广州冬春二季占全年47%，鄂西冬春二季仅占全年33%），所幸分配尚较均匀，夏季仅占45%，非若华北夏季，即占94%，其他三季几等于零，以致长苦旱而短苦涝，故长江上游全年最少雨量亦为三〇至四〇寸，谓为天惠之茶叶区，谁曰不宜。

四、土壤

考土壤有物理变化、化学分解，前者即直接由岩石变砂，砂变粘土，互相混合而成定积土，后者则渗以植物所需之养分，如亚莫尼亚、加里、石灰、铁、炭酸、磷酸等溶解而成有机质壤土，据专家报告，肥料于土壤中约占其1%，惟正在吸收之分量仅十分之一中之1%，其他99%，均在吸收进行中，故肥料愈缺乏，则其吸收之养分亦愈少，用人工耕种自然状态之土地，仅能促其吸收空气与水分，至促进植物生长，则非施肥不可，此就一般静成土壤而言，若运积土（一名动成壤）则大半属冲积平原，多含腐植质以作养分，如印度平原、苏俄黑土、我国黄土，均甚肥沃，因表面有森林之腐植质堆积，砂土均易于分解，鄂西绝少平原，正如瓦格勒所谓由最古岩（花岗石、砂石、片岩，及志留记念石、灰石）风化而成之山脉格子，即赤色砂石粘土质，经风化后之丘陵也，按诸定理，倾斜地达十度以上地方，不能使用家畜，人类耕作之倾斜地，其最大限度为三五，鄂西山岭起伏，三五度以上之斜地，随在皆是，种植他种农作物，实有不便，且因地面经利用者甚少，故甚肥沃，常年又有云雾笼罩，故值茶最适宜也。

五、茶叶产地

鄂西产地，有宜昌、宜都、长阳、五峰、鹤峰、秭归、兴山、施南等县，严格论之，产量较多，品质较佳者，只五峰、鹤峰二县而已，其他数县，仅产少量青茶，无关重要，而著名之宜红实五鹤二县之特产，湘省之石门县所产之红茶亦称宜红，兹将五鹤产区分述如下：

五峰县：前茶园、后茶园、楠木、大坡、瓦屋场、尤溪、水浕司、马鞍山、石梁司、采花、楠木桥、富足溪、大面、长茅司、湾潭

鹤峰县：刘家司、新地保、五里坪、中乡坪、白顺桥、白果司、容美司、奇峰关

宜红产区既如上述，其集中地可分为三处，一为五峰县之渔洋关，一为长阳县之资丘，一为湘省石门县之泥沙塘，该石门县之大荆州、小荆州所产之茶，皆集中于泥沙塘，精制装箱然后运出，五鹤两地之茶则以长阳之资丘或渔洋关为精制地点，惟均以渔洋关为运销集中地，每年由渔洋关转运出口者，占全数三分之二。

六、交通状况

鄂西交通，颇为不便，除汉口至宜昌有轮船汽车直达与宜昌至宜都有轮船行驶外，宜都至长阳之资丘及至五峰之渔洋关，虽有小河，水涨时可通小船，但河身狭浅，

岩石累累,险滩尤多,偶一不慎,船底即被洞穿,危险殊甚,陆路方面,既无公路行驶汽车,又有崇山峻岭,纵横绵亘,运输货物,胥赖骡马及人力背负,崎岖难行,如同登天,幸该地人工报酬低廉,物价亦贱,故运费尚不昂贵,苟能筑成直达公路,交通便利,则内地物产,可大量输出,鄂西农村经济之恢复,可立待也。……

七、产量

鄂西茶产,除五峰、鹤峰二县产红茶外,余仅少量内销绿茶而已,且产区零星寥落,其产量无法统计,兹就五鹤二县近三年红茶成箱数字,列表于后:

商号	年度	箱数	年度	箱数	年度	箱数
源泰号	民国廿三年	1100	民国廿四年	1200	民国廿五年	1150
恒信号	同前	400	同前	450	同前	420
民生号	同前	350	同前	400	同前	330
华明号	同前	500	同前	550	同前	550
同福号	同前	305	同前	310	同前	310
合荣号	同前	400	同前	420	同前	390
恒慎号	同前	360	同前	350	同前	380
总计		3415		3680		3530

注:据记者实地调查,在欧战前,该地茶商均来自粤省,资本雄厚,每年制茶箱数均在三万至四万石之间,虽无精确统计可考,但询之汉市老茶商,亦皆谓如此,迨欧战既起,茶市阻滞,茶商亏损资本,外帮商人再不进山采办,只本地商人集资购买,资本既不充分,自不能大量采办,多数茶农之制茶无法出售,故茶农或置茶园荒芜于不顾,或改制内销绿茶,较为有利,现时宜昌等县所售之绿茶,大都五鹤之产品也。

五鹤绿茶均运汉销售,惟汉市茶价低落,则改运沪市,兹将近二十年来在汉销售数量及近六年所售之价格,列表于后:

（1）运销箱数表

年度	箱数	年度	箱数	年度	箱数
民国六年	15806	民国十三年	8868	民国二十年	2263
民国七年	1552	民国十四年	8128	民国二十一年	1124
民国八年	2237	民国十五年	6822	民国二十二年	2956
民国九年	5470	民国十六年	2217	民国二十三年	4190
民国十年	—	民国十七年	4058	民国二十四年	5525
民国十一年	964	民国十八年	4375	民国二十五年	2637
民国十二年	9298	民国十九年	1800		

（2）价格表

年度	价格		年度	价格	
	最高	最低		最高	最低
民国二十年	167元	74元	民国二十三年	75元	40元
民国二十一年	143元	24元	民国二十四年	52元	22元
民国二十二年	94元	34元	民国二十五年	91元	35元

观上表，茶价之高，以廿年为最巨，以廿四年为最低，竟不及廿年之三分之一，其惨败情形，诚不堪设想也。

八、栽培

五鹤之茶树，多为十余年前之遗物，绝少添植新树，甚者废弃原有茶园，或听其荒芜，但五峰第一区之水泌司、二区之长茅司采花等处，连亘百余里，均有茶园，而鹤峰之五里坪湾潭等处，触目皆是，此地茶树，多为丛播（即点播），距离颇疏，株距行距，有间隔五六尺以上者，故茶树颇高（高至丈余者有之），树干生育极佳，若行研棵更生，则三年后亦达三四尺，此可见地理环境之适宜也。茶园中盛行间作物，春为豆类，夏为玉蜀黍，故茶园中施肥、中耕、除草等项，藉培植他种作物时，顺便及之，绝少单独举行,若能专事栽培茶树,则其生育当更优良也。

九、制造

五鹤茶之制造,本以红茶为主,十余年前,茶市一蹶不振,乃渐改制绿茶(本地称为白茶),运至宜昌、宜都等埠,供国内之消费,惟此茶之重要性,似不及红茶,而红茶之制法均为土法,制茶工人亦为本地人,墨守陈旧,不知改进,其为产量丰富计,有意蓄老,始行采摘,以致茶质日渐低劣,且其酦酵后未能充分干燥,即携往茶号求售,因途中扒山越岭,茶叶致受日光之热度,而行继续酦酵,故往往到达茶号,已酦酵过度,此其缺点之大略也,兹将制茶方法略述于后:

1.晾青。将采摘之鲜叶,摊落于晒簟,利用日光晾之,使茶质软化,以手触之无甚声响,握之而茎不断折时,即行收回。

2.揉捻。鲜叶晒至适度时,即行揉捻,使茶汁外流,茶叶紧缩成团,方行停止,盛于竹筐或木槽内,以手搏开,置晒簟上略晒之,俟外部水汁已干,握之不致成团时为止,名为气干。

3.酦酵。揉好之叶,盛于竹箩内,以足踏紧,上覆湿布,置日光下,任其酦酵,俟色已变红,略呈醇香时即可。

4.晒干。酦酵成功之茶,撒播晒簟上,俟有六七成干,即行出售。

以上制成之茶,名为毛茶,系由茶农自制,售与茶号,再为精制,其手续如后:

1.复火。茶号收买之毛茶,只有六七成干,故复用炭火烘焙,名曰"打老火",法将地面掘成行列之穴,盛以炭火,俟火势稍杀,将茶叶置于焙笼内,移置于穴上,焙之稍顷,轮流取下,连焙笼置于小區内,以手抄翻,复置火上焙之,待干取下,以待筛分。

2.筛分。茶以形状齐整为佳,故筛分手续,至为繁杂,技术亦须熟练,兹先将茶筛之种类,述之如左:

筛别	筛孔阔度(公厘)	筛蔑阔度(公厘)
一筛	130	30
二筛	100	30
三筛	80	30

（续表）

筛别	筛孔阔度（公厘）	筛蔑阔度（公厘）
四筛	50	30
粗尾	40	20
中尾	30	20
小尾	10	20
芽尾	15	15
铁栅	每时八孔	
生末	每时六孔	30

以上各筛乃基本筛，有时尚须有正副筛辅助之，例如较芽尾精细者为"正芽尾"，较芽尾稍粗者为"副芽尾"，筛之直径，约为三十二时，框高1.6寸时，状如米筛，所异者筛底无六角形之壳耳。

筛茶工作，分为多部，各有定名如：

大厂——即橙茶厂，将毛茶置筛内，双手捧筛，略向前倾斜，上下前后震动之。

揸头厂——专做筛面之茶，且橙且揸，使其细小通过筛孔。

橙头厂——专做复橙厂筛面之茶。

尾子厂——筛风车第二口之茶。

珠子厂——制揸头厂筛面之珠茶。

片子厂——筛尾子厂筛面之茶。

芽茶厂——将铁栅筛之下，生末筛之上，凡夹有芽茶者另筛之，提取芽茶，以免混入花香。

筛厂附设各项风车，如上身车、中身车、揸头车、复拣茶车、橙头车、尾子车、片子车、珠子车、芽茶车，分别过风各种茶叶，此外尚有捞拣茶、捞中身、播子口、做地茶、做茶梗等部，分工合作，毫不混乱。

茶筛及筛茶工作之分类，既如上述：兹将筛茶主要步骤及方法，略述如下：

第一步（大厂）将茶条较细者橙下，其筛底之茶，以自一筛（粗茶用自花筛起）至生末筛,分为多种,其一筛或花筛专做捞梗工作,筛而即为茶梗,筛底则用一筛筛之,以后依次接下,至生末筛之筛底,即为花香,自二筛至生末各筛筛面,均用风车风过发交拣厂,惟自二筛至四筛,交上身车,自粗尾至生末,交中身车。

第二步(揸头厂)将大厂筛面之茶,用中尾筛,且橙且揸,使茶之相连者分开,粗大者细小,俾便橙至筛下,其筛底用自二筛至生末等筛分开之,自二筛至四筛,用上身车风过发拣,粗尾至铁栅,用中身车,风过发拣。

第三步(珠子厂)将揸头厂筛面卷结之茶,先交焙房焙干使脆以木砻砻碎,用粗尾至生末等筛分开之,自粗尾至小尾之筛面,用芽尾筛橙之,其筛面再砻之,筛底则交珠子车,风过发拣,惟其中若无梗者,则不必发拣,可算一部分成功矣。

第四步(复橙厂)将大厂筛底各号风拣以后之茶,用芽尾筛复橙之,使分别更为清晰。

第五步(橙头厂)将复橙厂筛面之茶,用芽尾筛,且橙且揸,其筛面复入珠子厂(亦须加焙),以木砻砻碎,其筛底用自四筛至生末等筛分开之,以橙头车,风过发拣。

第六步(尾子厂)因风车计分二口,第一口为正茶,可直接发拣,车尾则为极轻飘之片末,即为花香,无庸再筛,惟流入第二口者,乃半飘半实之茶,故须复加筛分,故以上各种风车第二口所出之茶叶,须交尾子厂用芽尾筛橙之,其筛底用二筛至生末分开,各号之筛面,用尾子车风过发拣。

第七步(片子厂)尾子厂筛面之茶,用芽尾筛且橙且揸,其所橙至筛底之茶,用四筛至生末等筛分开之,各号之筛面,用片子车风过发拣,至于筛面,则交焙房焙燥,以细长之布袋盛之,执袋口在木板或地面之凸处,击之使碎,然后用生末筛筛之,其筛底即成花香,筛面复入袋击之,至尽成花香为止。

至于芽茶厂,限于有芽茶者始另行分筛,普通茶叶可节略之。

以上各厂设管厂工头一名,专管各该厂一切支配事宜,另设总厂包头一名,掌理雇工及指挥各厂一切工作,工人分上手(兼管厂)、中手、下手三等,上手每日铜元一百枚,中手五六十枚,下手二三十枚,总包头则每季(自开工日起至收庄止)约四五十元,若庄内盈余,得分红利,且全厂工人由其经手代雇,有进退工人之权,故除正薪外,尚在工人工资内扣除佣金,流弊甚大,若不根本打倒,则普通小工血汗之代价,被其剥夺中饱,实属可怜,全厂工人均编有号码,每日开工时,发给筹码,至收工时按筹点工,由工头报告账房,工人之火食概由厂方供给,自到厂起至收厂止,无论开工与否,火食须照常供给,惟其膳菜甚菲薄,不过足以充饥而已。

3.拣茶。拣茶均用女工,每人于每晨开工时,由看工头发给茶叶一箱(或数人拼拣一箱或数箱)、竹匾二只、小凳一只,匾盛茶,置茶箱上拣之,不及上海茶栈用拣板者便利,每日当发茶时,附发纸条一张,书明茶之等级及拣茶者之姓名,及至收工时,则由看拣者审查,如认为合格者,则秤过落簿(不及格者须复拣),并在条上注明斤数工资,凭条领款。

4.官堆。茶庄对于拼堆,以为大功告成,非常重视,故特美其名曰"官堆",官堆场铺有精密之地板,四壁均密封之,使毫无孔隙,将各号筛分之茶,层累倒于场上,作高数尺之方堆,堆颇整齐,乃在向外方之侧,以铁耙自上而下,徐徐梳耙,使各层茶叶混合流下,其耙下者,即以撮箕撮入箱内暂囤,撮后地板所存之残茶,须扫至堆上,继续梳耙,及至完毕秤之,记其分量,以便计算箱数,此名为"小堆",然后将各箱茶叶复倾入场上,掺入芽茶珠子等,再作方堆,名为"大堆",如前法梳耙,则所有茶叶拌搅均匀,庶无粗细优劣不同之弊矣。

十、包装

五鹤茶箱素不完善,自实业部颁布茶箱取缔法后,茶商多能遵照实行,茶箱箱板为枫木,板厚约四分,箱内加钉角条十二根,内罐亦裱糊妥洽,惟茶箱外面应行标注各项,尚付缺如,此次调查时,曾详为指导,本年该地茶箱当较为完善矣。……

十一、宜红复兴计划

鄂西茶产区域虽广,但重要产区只五鹤二县,因得天独厚,所产之红茶品质优良,为两湖之冠,惜向无人提倡改良,一任其自生自灭,故产量逐渐减低,品质日趋粗劣,若能从事改良,当不难与祁红并驾齐驱,惟事业之改进,亦非一蹴可就,兹就地方情形,拟订堪于实用之办法缕述于后:

（一）关于生产改进事项

设立宜红指导所——所址设五峰，渐向鹤峰推进，其任务如左：

A.植茶方面

（1）提倡早采嫩制：茶农习惯贪图产量增多，不顾品质是否优良，故常在叶片长大，始行采制，欲求制品优良，自不可得，若能早采嫩制，则品质不难与祁门比美。

（2）集中茶园：五鹤茶园虽大都盛行间作物，然常妨害茶树之生育，应即禁止，其优良之区应尽力扩充，而茶树衰老之区则指导改植他种作物。

（3）实行剪枝：茶农习惯，在大树植下后，一任其生长，致枝蔓干生，容易枯老，既耗地力，摘叶之时，极耗人工，而产量亦少，若能实行剪枝，不特茶芽畅茂，且可利用机械采摘，则以上诸弊自可免除矣。

B.制茶方面

（1）采用揉捻机——揉捻为制造红茶过程中之主要工作，如揉捻不充分，则叶片细长，叶形松散，叶细胞组织不能完全破坏，汁液亦不能完全渗出，影响酦酵者甚大，此间揉茶法，除少数用手揉外，均用足搓揉，费力既大，又不卫生（将足洗净，再注意清洁，足揉亦可），且汁液容易外流，致损品质，如改用揉捻机，则揉捻既可充分，又可减少人工，每部机器价格不过百元，大户可以独购，小茶户可联合购买，或由指导机关匿购，无代价借给茶农（办法另详）。

（2）设备萎凋室与酦酵室：萎凋（一名晾青）与酦酵，均可利用日光，惟遇天雨，则束手无策，徒呼负负，其在日光中酦酵及萎凋之叶，不及室内酦酵与萎凋叶之香气佳良，山乡地方，房屋宽敞，若稍加改造，即可为酦酵室与萎凋室之用。

（3）取缔潮茶：五鹤茶农所制毛茶，仅六七成干，即行出售，常于运送途中，茶叶发热，损伤品质，极应取缔，其法可由指导所，一面改用市秤，仍照以前数量提高茶价，一面派员至各收茶茶庄抽验，其毛茶干燥不及格者，不准买卖，或予以相当处罚，藉资警惕（其标准另订之）。

（二）关于贩卖方面

茶叶贩卖手续极为烦复，如茶庄之压迫掮客、茶栈之剥削，种种弊端，不一而足，故茶价虽高，而其利益仍归中间商人之中饱，茶户毫无利益可言，若遇市价低落，则山价随之狂跌，受损失者终属于茶农，如此情况而欲茶叶之不衰败，其可得乎，故拟由农村合作委员会组织茶叶生产合作社，再合组宜红茶产销联合社，精制装箱，此项茶叶拟由汉口商品检验局茶检室及国际贸易局茶业组，代为免费在沪汉销售，必要时请其直接向国外推销。

（三）关于绿茶方面

鄂西所制绿茶亦极粗放，指导所于推广改良红茶之时，亦应附带指导改良绿茶，其改良要点，只须将炒青时火力加大，茶条紧结，则香气滋味，均可增高，茶价自可提高矣。

——《实业部月刊》

15.2 报刊资料

报纸

札开商务

湖广总督张香涛制军创设商务公所札：云□札委事。照得今日阜民之道，自以通商惠工为要策。汉口为南北水陆交衢之地、华洋商贾荟萃之区，与各省气势易通，与外洋声息亦甚易达，自宜设法鼓舞。俾省外偏僻遥远，各州县所有出产，造成各货得以传播流通，以开风气而浚□源。查湖北地产所有各物产，大冶之铁，兴国之锰，利川、建始、鹤峰、兴山、竹山、德安之铜，兴国、施南之铅，施南所属各县之土硝、硫磺、雄黄，应城、巴东之盐，兴国、大冶、蒲圻、当阳、长阳等处之煤，江夏等处之观音土，大冶之白灰石、汉白玉石，应城之石膏，竹山、施南之石绿，蒲圻、崇阳、通山、鹤峰等处之茶，汉阳、黄州、安陆、荆州之棉，武昌各府之麻，襄郧之黄白黑木耳，施南之厚朴、阴沉木、婴木，黄陂、孝感之蓝靛，宜、施、郧之药材、生漆，武昌等处之柏油、菜油，竹山之桐油，蕲水之蔗，均州之烟叶，蕲州之艾叶、白花蛇，施南之虎、豹、狼、狐、猴、牛等皮，麻城之鸭毦，应山之蜂蜜。人力所成各物，如省城蚕桑局之锦缎绸绸，荆州之锦布，天门、江陵、河溶之绢,郧阳之茧缎,当阳之茧绸,汉口之剪绒,沔阳、河溶、黄州之丝,通城之葛,德安之布,汉口之白铜器皿,宜昌之石笋屏风,兴山之瓷器,沙市之木器,江夏、蕲州之竹器,兴国之纸等物,皆有可观。此外,有益民用,可以贩运远方之物尚复不少。兹拟于汉口创设商务公所,预备宽敞明洁之屋,将以上各种货物分别陈列,标明出产地方、价值、运本,合华洋商民均得到局纵观。专派坐办委员常川驻局经理此事,并饬各帮大商公举董事数人,禀派入局,协同经理,随时会议。并缴集素有阅历之行商坐贾,比较物产之精粗、工艺之优劣,考求采制新法,配用合宜,随时剀切劝勉,以期日出、日广、日造、日精,民生藉以宽舒,地方益臻繁盛。此系仿照外洋劝工场办法,既所以兴商业,亦所以勉工艺。其应如何相机推广、筹本集股、购制运销,统由商人自筹自办,官不预闻。有关涉本省、外省、地方各事,如弹压保护、询访外省、外洋情形之类,则禀官为之主持照料,不令窒碍,应即派委大员督率经理。本部堂、部院查有汉黄德道、江汉关监督瞿道廷韶堪以派委总办该公所事务,试用同知张赓扬堪以派充坐办委员,合行札委,为此札。仰该员即便遵照,禀承瞿道,悉心筹画,即日开办,一面议拟大略章程呈核。现在开办之始,暂租民房,应用月需租资及一切杂费,为数无多,暂由该道筹措,具报张丞,月支薪水、夫马银五十两,暂行先在善后局支销,仍将办理情形随时报查此札。

——《申报》(上海版)1898年7月21日第2版

茶市现状 汉口

本年两湖所产之茶以鹤峰州最暑特色,价值亦优,其余俱属平平,甚亏折者。按,鹤峰所产之茶本称佳品,例须进呈若干,以供御用。

——《申报》(上海版)1905年6月7日第4版

兴办制茶公司 宜昌

长乐县、鹤峰州等处向来产茶,多由□人□购去,但系本色不甚获利。现在该处民人学得制红茶法,拟将茶叶收买成庄,制成上好红茶售与西人,已由渔阳关地方绅耆为首招股兴办,每股钱一百千,三年之后分红。三年以内,不得将股本抽去。前日,绅士龙云峰等来宜查探西人收茶情形,并劝募股本,即在城内租住,以便办理一切。

——《申报》(上海版)1905年3月11日第3~4版

茶业改良策

鄂、湘鹤峰、浏阳各县,为红茶出产著名之区。惟焙制未能得法,与洋商交易每受盘剥。汉口各茶行栈但知取其扣用,毫无担当。故茶商近年屡受亏耗,视为畏途,业此者遂日渐减少。现实业司长特将商人陈星田条陈改良意见书交茶叶总会,研究改良方策以维利权。

——《申报》(上海版)1914年5月16日第7版

宜红茶改进实现 本年可有改良宜红来沪销售

湖北宜昌一带所产红茶,在两湖红茶中得天独厚,有许多地方且与祁红相近,英伦茶商向亦注意。惟以采摘粗放,制造不求精洁,销路未能增加。自伍廷飏氏来长建厅以后,对于宜红改进,即着手计划,爰于本年会同实业部汉口商品检验局、湖北省农村合作委员会及中国农民银行等机关在鹤峰县设立宜昌区茶业改进指导所,由建设厅在行政上、商品检验局在技术上、农村合作委员会在组织上、农民银行在金融上共同负责。该所主任一职即委商品检验局茶叶检验室技士戴啸洲氏兼任,另委余景德为副主任,于鸿达为技术员,协助一切。戴、余等经已前往筹备就绪,现已开始收买青叶进行制造矣。微闻该所之组织,尚属临时性质,将来鄂省农林场或农业改进所成立后,拟扩大为宜昌茶业改良场,则宜红之前途,颇多光明之希望也。

——《申报》(上海版)1937年4月29日第13版

刊物

汉口茶商制茶情形及销俄状况(六年秋季报告)

查一九一四年茶价较贵于一九一三年,平均计之,其第一期收集者,除祁门茶外,约值银一两至三两。第二期收集者,约值者三两至五两。若第三期收集者,自欧战发生以后,销售极速,价尚同于一九一三年,旋以购者加多。湘潭茶价亦增加,较之一九一三年,竟加至五两之多。至一九一四年,最高祁门茶价,竟较一九一三年,加价十两,其上等与中等之茶亦加价三两至五两不等,下等茶价则无甚加增。兹将近二年之各处,每担(合147.7俄斤)最高及最低银两价值(按行市平均计算,在一九一三年计每银两值1卢布31.7戈比,一九一四年则1卢布26.8戈比)分别开列于后。

各处名称	收集茶叶之期											
	一九一三年						一九一四年					
	第一期		第二期		第三期		第一期		第二期		第三期	
	最高价	最低价	最高价	最低价	最高价	最低价	最高价	最低价	最高价	最低价	最高价	最低价
宁州	70.00	17.50	22.75	20.25			75.00	20.00	30.00	18.00		
Monuhrodop	22.75	16.50	19.00	16.50			120.00	110.50	110.00	19.25		
祁门	80.00	23.50					90.00	24.00				
宜昌	57.00	22.00					58.00	30.00	36.00	27.50		
鹤峰	37.00	13.75	16.00	12.00	13.00	10.00	40.00	15.50	20.25	13.50	14.75	13.75
桃源	25.50	14.90	16.50	12.75			25.25	18.50	20.50	18.25	17.00	13.40
Rahwoyran	24.00	12.75	17.50	11.00			25.25	13.50	19.25	16.30	15.00	
Nuhkohir	18.25	13.50	12.75				19.50	16.00	17.25	16.40		
羊楼峒	24.10	12.50	14.00	11.80			23.25	14.75	18.20	15.50		
通山县之杨芳林	19.25	13.75	13.00				18.75	14.25	15.75	14.00		
崇阳县之大沙坪	23.60	13.00	15.50	12.60			24.10	14.30	18.00	12.75		
古坑	17.25	11.75	12.50	10.40			17.90	13.50	16.20	14.00	11.70	
龙源	16.50	12.00	12.50	11.75			18.25	13.75	16.00	14.25		
连岭	15.25	12.40	12.40	9.10			17.80	15.25	15.75	14.25		
望江	16.25	15.00	12.60	11.75			16.90	14.50				

（续表）

各处名称	收集茶叶之期											
	一九一三年						一九一四年					
	第一期		第二期		第三期		第一期		第二期		第三期	
	最高价	最低价	最高价	最低价	最高价	最低价	最高价	最低价	最高价	最低价	最高价	最低价
叶家集	18.00	12.00	11.00	10.30			19.50	14.00	16.90	14.00	11.60	11.25
羊楼司							20.00	15.35				
湘潭	13.60	11.00	12.25	9.00	9.25		17.25	13.40	16.00	12.25	15.00	11.80
黄山	15.50	12.50	12.25				19.50	14.50	15.50		13.50	

——《农商公报》第45期（第四卷第九册），1918年

中国茶叶之研究（四）（节录）

（A）湖北茶　产于湖北省而聚于汉口以交易者称为湖北茶。

（a）宜昌茶，以集于宜昌得名。

（b）羊楼峒茶，产于蒲圻之羊楼峒。

（c）羊楼司茶，产于蒲圻之羊楼司。

（d）崇阳茶，产于崇阳县。

（e）通山茶，产于通山县。

……

红茶中工夫茶品质最良，湖北产者亦佳……湖北产中以鹤峰所产者为最优，惜产额不多，故其名不著。其次则为羊楼司、聂家市所产者，品质良而名亦高。

——《银行月刊》第5卷第7号，1925年

中国茶叶之研究（七）（节录）

宜昌茶者，出产于宜昌府属及上游施南、陨阳府各地方茶之总称也。其品质较湖北茶为优。因地势上由各地运往汉口市场，宜昌为必经之地，故有斯名。以宜都、兴山、东湖、长乐、长阳、归州、鹤峰、施南、恩施、利川、郢、竹溪等县出产为多，年产额

达四万担。就中鹤峰之花香茶,可供汉口砖茶制造之原料,需要颇多。宜都制茶之地,在去宜都六七十里之汉阳埠及横积埠,产额三千余担,内红茶二千担,绿茶二千担。长阳茶年产额六千担至六千五百担,其内红茶约五千担,余为绿茶。兴山年产七千担。鹤峰年产二万五千担以上,内红茶二万担,绿茶约七八千担。施南茶多绿茶,年产一万担以上云。

——《银行月刊》第5卷第12号,1925年

我国茶叶之产销及其振兴策(节录)

湖北全省产茶区域,根据一九二九年工商部调查报告,茶田面积合计579.200亩,试阅下表统计:

湖北省各县产茶面积统计表(十八年农商部调查,单位:亩)

县名	茶田面积	县名	茶田面积
当阳	10.300	宣恩	10.500
广济	10.600	竹山	11.100
均县	10.700	勋县	10.700
秭归	12.100	远安	11.200
五峰	12.500	建始	13.000
圻水	13.200	蒲圻	79.000
鹤峰	15.000	利川	16.900
南漳	17.000	黄梅	18.600
长春	19.300	咸丰	19.300
崇阳	20.000	兴山	20.100
谷城	20.300	宜昌	20.300
恩施	21.000	阳新	26.700
宜都	28.500	通城	35.600
咸宁	37.300	通山	37.400

根据上表，以蒲圻茶田面积为最大，通山、咸宁、通城次之，当阳、宣恩、广济、均县等茶田面积为最小。

湖北茶出产，每年产额约四十万担左右，其中以武昌茶产为最多，占全省产额十分之六。武昌茶出产以蒲圻县之羊楼司、羊楼峒，崇阳县之大沙坪、白霓桥，通山县之杨芳林，咸宁县之柏墩、马桥铺，嘉鱼县之岛口、兴国、龙港，以及通城县所属各地为最多。

宜昌茶产，以宜都、兴山、东湖、长乐、长阳、归州、鹤峰、施南、利川、郧、竹溪等县出产为多，每年产额约四万担。就中以鹤峰之花香茶，可供汉口砖茶之原料，需用颇多。

——《汉口商业月刊》第2卷第12期，1935年

宜昌成立茶叶改进指导所

湖北宜昌区出产红茶品质优良，可称湖红中之骄子。且在国际茶市场无需拼合即可单独出售，惟产量有限，受人漠视。而改进品质、扩大产量均未着手进行，殊为可惜。去岁宜红售价尚高，茶商多获利润。普通湖红茶价低落，当年尚未完全脱售，至本年二三月间始渐次售清〔罄〕，茶商因之赔折者颇不乏人，故本年有改营推销宜红之倾向。查宜红产区，包括五峰、鹤峰及湘省之石门等县。除石门外，以五峰县属之渔洋关为精制集销地点。原有茶号七家，即源泰、恒信、民生、华民、同福、合荣、恒慎。因旧岁均获利润，本年新添茶号已如雨后春笋，制茶数量自较增多，可无疑义。惟茶叶产量虽增，而茶叶品质是否随之俱优，则殊无把握。盖贪得茶量以争利润，必不免粗制滥造之弊，故增加产量尤须兼顾品质，始为合理之发展。实业部有鉴及此，特会同鄂省政府设立宜红改进指导所，由汉口商检局技士戴啸洲兼主其事，所址设于五峰。月前，戴君已到达该处组织成立。其预订工作如下：（一）促进茶农嫩采，（二）改良制茶法，（三）取缔毛茶过度水分，（四）改善收买毛茶之习惯，（五）组织茶农登记茶商等项。现闻该处茶叶精制将告完竣，不日当有新茶运汉销售云。

——《茶报》第1卷第3号，1937年

实部调查两湖红茶

（汉口航信）实业部当局，前为改良两湖红茶，特委派本埠商品检品局茶叶检验组技士戴啸舟，于二月二十二日，离汉前往宜昌、宜都等五县，从事红茶产量及运销之调查，以为改良方案。戴君已于日前返汉，据语记者，此行计经过宜昌、宜都、长阳、五峰、鹤峰等五县。到宜昌时，经初步之调查，始悉所谓宜昌红茶者，并非宜昌产品，乃五峰、鹤峰及湖南之石门所产，其中尤以五峰为最多。而宜昌、宜都、长阳等县之出产，则以绿茶为丰。在湖北本省内，销路中占有相当地位。嗣即离宜昌向宜都、长阳等进发，并在五峰县内之渔洋关（红茶集中市场），召集茶商谈话。按，该五县之内，生产事业以桐油、茶叶、漆等为大宗，而红茶一项，过去每年，可产二三万箱，如今每年仅可产三四千箱，相差数目，至为巨大。推其原因，乃因过去多系广东人经营，资本较为雄厚，吸收力亦较强大，现在多系本地商人就地买卖，资本甚小，且价格操纵于外商手中，不敢尽量吸收，因此茶农亦不敢多制红茶，倒不如采摘青茶以为内销较为合算。因此红茶产量，为日渐减少，而品质益形低下。不过该处有一种情形，较别处稍好者，即茶农卖茶时，所受之剥削较少。盖宜昌等处之茶庄，多于各产茶区遍设分庄，专门收买毛茶。如茶农有若干毛茶时，即可直接卖予该分庄，而不必卖予茶贩茶行，免受剥削。分庄收卖茶叶，亦多使用大秤，普通概以一斤半作为一斤，亦有以二斤作一斤者，茶庄买茶后，即以火烤干，俗称"打老火"。打火之后，再运送总庄，复火精制。各该县之茶树，生育状况，甚为优良，普通高约六七尺，较别处茶树，约高二三尺，土质亦佳，惟因茶农不善栽培，故大好茶树，听其自生自灭，殊为可惜。此次视察之后，拟先订治标办法，即在五峰县内，觅一地点，立一指导机关，专门指导茶农种茶、制茶方法，以及办理合作运销等等事宜。至治本办法，尚在计划中云。

——《国货月刊》第48期，1937年

救济两湖茶商问题

改进计划：查鄂省七十县中产茶最著者计二十八县，中以蒲圻、咸宁为冠，蒲圻之羊楼峒尤为茶市之中心。在昔茶厂林立，商贾往来均集中于此。今因外销不振，茶价低落,茶林摧残,茶厂倒闭,乃日趋衰落。惟该地之自然环境与土质地位均适于茶叶改进及推广。故农业改进所拟在羊楼峒创立茶场,以谋栽培、制造技术上之研究与改进。并派该所技师徐方斡赴羊楼勘察,决以游家湾为场址。该处有文昌庙一所、旧式屋宇三进,拟招商加以修建,以我茶场办事处之用。该地原设有茶叶试□场,成立于清季光绪二十四年,至民国二十三年始停办,其间虽经有二三十年之久,但以时局变迁,屡兴屡发,今则规范全失。原有茶地仅有二十余亩,地段零碎业经荒芜,该所因呈请省政府将该地划归茶场整理,并拟将附近毗连之荒山、民地出价购置或租用,俾得成一完整之新茶园。并拟查勘适当地点建筑新式制茶工厂楼房七间,分萎凋、揉捻、发酵、干燥、精制等室,装置新式制茶机及其他必须之仪器。同时举办茶种、茶苗及制造各种试验,以求改进。关于推广事项,(一)指导生产技术。拟先由宜昌茶业指导所在该区产茶之五峰、鹤峰、恩施等处巡回督促,切实指导,改进栽培、采摘、揉制、烘焙诸项生产技术。(二)宜昌红茶,品质优良,在湖红中素称上等。拟在茶地中心适当区域设立粗制茶厂,收集茶农生叶,以合作方式共同制造,并与中国茶叶公司合作。(三)组织茶农,使成立各地茶业生产合作社。拟由宜昌茶业指导所组织,并与各省合作委员会、各银行合作。并于明春呈请建设厅会同国际贸易局、汉口商品检验局、中国茶业公司、汉口茶业公会及银行公会、合租红茶运销委员会、砖茶运销委员会、生产事业委员会等,以利产销。同时与实业部国产检验委员会茶叶产地检验监理处会同取缔劣茶,更与实业部汉口商品检验局厘定运销劣茶取缔办法以改良品质。且在茶闲时期,分别召集各地合作社员、茶农、茶贩、茶商等举行茶业讲习会,予以茶业上之知识技能之训练。

——《汉口商业月刊》新第2卷第7期,1937年12月

抗战时期各县茶叶产量统计表

共计:茶:817656市亩,287074市担。其中:

县别	面积	产量	县别	面积	产量
咸宁	8500	28000	蒲圻	12000	45000
崇阳	1000	3000	通城	3200	5800

（续表）

县别	面积	产量	县别	面积	产量
通山	3000	970	阳新	1500	1000
浠水	9800	15200	广济	4500	6800
黄梅	8800	9450	公安	900	8400
谷城	18000	20000	均县	8000	12000
竹山	10000	13000	竹溪	320	200
远安	170	8	当阳	9400	16000
宜都	259	119	宜昌	18716	22000
兴山	600	340	秭归	300	250
长阳	17700	19000	五峰	7000	4380
鹤峰	18000	11000	宣恩	1000	550
来凤	1000	500	咸丰	300	145
利川	3200	1600	恩施	8000	4000
建始	3000	14000	巴东	2800	1300

　　说明：一、本表所列数字，概系根据本府（民国二十七年）第一、二次战时调查报告，第七区年鉴及湖北省第一回年鉴，惟有时参酌事实略为增减。

　　二、凡产量过小数字概未列计。

——《抗战期间湖北概况统计》，1940年3月

鄂茶之产制运销及改进意见（二）（节录）

国营中国茶叶公司
（在本省恩施五峰两处设厂制造内外销红绿茶）

厂名	成立年月	资金(千元)	生产箱额	厂址
恩施实验茶厂	民国二十七年	800	1800	恩施五峰山
芭蕉分厂	民国二十八年	包括总厂	包括总厂	芭蕉
硃砂溪制茶所	民国二十八年	包括总厂	包括总厂	硃砂溪

（续表）

厂名	成立年月	资金（千元）	生产箱额	厂址
庆阳坝制茶所	民国二十九年	包括总厂	包括总厂	宣恩庆阳坝
鹤峰联合茶厂	民国三十年	100	702	鹤峰城区
五峰精制茶厂	民国三十年	400	603	渔洋关
水泥司分厂	民国三十年	—	—	五峰
鹤峰制茶所	民国三十年	—	—	鹤峰
采花台制茶所	民国三十年	—	—	五峰
富足溪制茶所	民国三十年	—	—	五峰
合计		1300	3105	

鄂西商营外销红茶厂，大都散布于鄂西五、鹤、宜、长及石门一带，尤以五峰渔洋关为宜红茶生产之中心。当外销红茶畅销时，渔洋关制造厂达十家以上。所产箱茶总额最旺时达四万余箱，厂商无不利市数倍。各厂所有制茶工具设备完全，各级制茶职工亦应有尽有，可称盛极一时。惟抗战后数年，因出口衰落各厂相继停办，制茶职工多数改业，渔关茶业一落千丈。三十二年夏，敌寇渡江进犯鄂西，所有渔关各茶厂房屋、工具尽付劫灰，至堪惋惜。外销停滞，鄂茶出路即改向内销发展。尤以恩施新兴茶区，因环境及需要之关系，成为战时后方茶叶供应之来源……

——《湖北银行通讯》第5期，1946年5月

鄂茶之产制运销及改进意见

鄂西外销红茶及新兴绿茶区

（原注：系著者在渔洋关办厂时实地调查数字）25703市担：

五峰产茶区6156市担，鹤峰产茶区6039市担，石门产茶区4827市担，长阳、宜都、宜昌产茶区1475市担，恩施新兴产茶区（原注：根据王乃赓氏之调查）4100市担，宣恩产茶区500市担，利川产茶区1500市担，建始产茶区500市担，巴东产茶区100市担，咸丰产茶区100市担，其他产茶区（来凤、秭归、兴山、远安等县）406市担。

——《湖北省银行通讯》新8期，1946年8月

战前湖北各县茶叶产量统计

据本市茶叶界人士称,本省茶叶产量虽不多,然在战(按:抗日战争)前交通通畅时期,每年运销省外及世界各地,这数量亦不少。综计各县产量约计:

县别	产量	县别	产量
恩施	2800	巴东	200
建始	2500	宣恩	700
利川	600	五峰	8000
咸丰	100	长阳	3500
鹤峰	6000	宜都	150
宜昌	200	兴山	60
蒲圻	80000	通城	30000
崇阳	50000	通山	20000
咸宁	300	黄冈	300
阳新	400	黄梅	200
蕲春	150	广济	100

以上年产有20万余市担。白茶、绿茶、青茶多行销渝、汉及鄂东、鄂北。

——《湖北省银行通讯》新11期,1946年11月

15.3 图书资料

国内茶区概况(节录)

鄂省茶区概况

战前行销苏联的砖茶,大多产自湖北。据统计,鄂省茶蒲圻可年产八万担,崇阳五万担,通城三万担,通山二万担。其他如阳新、咸宁、黄山、黄梅、圻春等地,亦有二三百担左右的产额……鄂省砖茶除行销苏联外……由海轮从上海运往英、美、苏联等国的,除砖茶外,还有红茶,如鹤峰红茶可年产六千担,长阳三千五百担,五峰八百

担，宜都一百五十担，其中除红茶外尚有白、绿茶，行销于鄂中等地。其他专供内销鄂北的白茶及汉渝的绿茶，为数亦属不少，如建始可年产二千五百担，恩施二千担，巴东二百担，总计鄂省产茶当在二十万担以上。现在这些已经成为历史上的陈迹了。战后农村经济的枯竭，已使鄂省茶叶的产量，减至战前的十分之一。由于茶农及茶商资金缺乏，及交通未能全部恢复，茶叶售价已难维持成本，茶农忍痛砍去茶树改种其他植物，茶商亦纷纷改业。目前，在鄂省荒芜了的茶区，仅剩拥有机器制茶的"民生茶叶公司"还在艰苦支持……

——《中国经济年鉴》，1947年

划分茶叶改良实验区

先将主要外销茶产地分设实验区以期统筹各该区内茶叶产销改良一切事宜，例如：（一）祁门红茶区。（二）宁州红茶区。（三）湖南红茶区。（四）温州红茶区。（五）宜昌红茶区。（六）屯溪红茶区。（七）平水绿茶区。（八）福建乌龙茶区。

——《教育播音讲演集》，1940年

鹤峰茶叶的发展历史老茶人不应被忘记

原县志和有文字记载的老茶人：前清甲寅年（1854）高炳之及光绪丙子年（1876）林紫宸（均为广商）先后到鹤峰改制红茶，开办"泰和合"茶号。在五里坪建厂精制，通过五峰渔洋关运至汉口销售。他们与外商洽谈生意，销售茶叶，促进了鹤峰茶叶的流通、生产的发展。

民国时期，1917年汉商厂家见毛茶有利可图，从宜昌深入鹤峰，以五峰渔洋关为基地，大设茶号。本县张佐臣（人称"张百万"）首入商界，建茶号"张永顺记"，于民国二十三年（1934）停业。

1942年10月，湖北省农业改进所的技术人员袁鹤到鹤峰调查过鹤峰茶，写有《鹤峰县茶业产况调查报告》，这是鹤峰有史以来比较系统的一篇调查报告。袁鹤先后到过鹤峰的七泉、麻旺、北佳、下坪、寻梅、坪溪等重点茶区，对茶区的自然条件惊叹不已，对茶树栽培、加工的弊端说得恰到好处，同时指出鹤峰茶质高超。清光绪年间，美国茶师曾至鄂西产茶区域考察,认定"宜红之品质,虽稍逊于祁红,较之湖红实有过之,堪与宁红相匹配,尤以鹤峰所产更称上品,不仅色香味俱佳,而浸汁程度亦较优。如石门、五峰各制茶厂商,必将鹤峰茶混合当地所产者方可出售,足证鹤峰茶叶品质之高尚。明清两代,曾列为贡物,茶商则多取以为样品也"。

——徐国庆《土家容美茶》(有改动)

15.4 海关史料

光绪二十四年宜昌口华洋贸易情形论略(节录)

沿海贸易查原出口之货值本年计关平银五十二万余两,去岁则四十二万三千余两。两相比较,计增九万六千余两,约百分中多二十三成。本年京铜计一万三百担,估价关平银十八万五千四百两,与去岁斤两估本无所盈绌。至出口红茶,去岁仅四担,今岁则增至三百六十一担。该茶产自宜都,即于该处烘烙包裹,运往外洋销售。向由民船自宜都装运汉口,因时日不免耽延,色味虑有变。于是今岁改弦更张,先用民船运至本埠,再由轮船转运汉皋,缘宜都去本埠下游水程仅九十里,易于行驶,故也。再施南府建始县长梁子地方,于光绪二十二年间已有粤商前往办茶,风闻目前复有粤人往办。该茶系由陆路用骡马运至大溪口,即于该处焙好装箱,由民船装运下驶。该口已有大茶庄开号,其地去夔府三十里,在河之南岸。长梁子去大溪口计程一百五十里。复有村名芭蕉,去该口二百五十里,亦产上等之茶。每年于二月中采取,终岁可产六千担,堪与宁州茶相为匹敌。复有去本埠七百余里之鹤峰州地方,亦产佳茗。由该州陆路运经长阳,再由民船运至宜都转运汉口,在汉出售可获高价,每担约五十两之多。或有谓施茶高于鹤茶者,缘有水路可通宜郡,复有装输之益,计期约两礼拜即可。由该口运至汉皋,既免耽延时日之虞,自无潮湿霉坏之患。产茶之区复与夔郡为邻,该郡为蜀省名都,电报、钱庄莫不具备,茶商得此利便,故在汉可得善价,而较鹤茶为高耳。

——《中国旧海关史料(1859—1948)》

光绪三十四年沙市口华洋贸易情形论略

数年前,有茶叶经过本口者,是以宜昌茶之名驰于海外。今虽伦敦仍有宜昌茶之名目,然现在本口并无是项茶叶经过。惟宜昌所属之长阳、长乐两县,间有茶叶,由宜都装民船运至汉口。此外,则惟前属宜昌府,今隶施鹤道之鹤峰厅所产之茶。该茶亦系装民船,由宜都运至汉口,现驰名之宜昌茶未知是该茶否。

——《中国旧海关史料(1859—1948)》

十六、文学作品辑选

16.1 古代诗词

新构茶墅①

田九龄

自构白云居，玄津漱有余。

幽人同月道，樵叟共烟墟。

桑落秋宜酒，潮平夜可渔。

紫书行处读，顿觉世情疏。

---

① 以下三首录自《田氏一家言（增补本）》，中国文史出版社 2021 年版。作者田九龄（1530—1591），字子寿，号八溪山人，明湖广容美宣抚使田世爵第六子。少时严课苦读，因才名见忌，避居草堂茶墅，师从诗书世家孙斯亿，游历名山大川，广交天下豪贤，有诗作 2000 余首，天启年间刊刻《田子寿诗集》。后世多代诗效先祖，数人有集，清康熙年间田舜年汇编刊刻成《田氏一家言》，故清代史家尊子寿为田氏诗派鼻祖。田九龄晚年归根容美，藏匿北倚天泉仙山，南望西坪府寨之地，吟诗传歌，贫病交加，于万历年间病逝，葬歌场湾小高岭山麓，后称"六老爷坟坪"。2015 年，五峰县李诗选先生在上海图书馆发现明天启七年（1627）所刻《田子寿诗集》，其中共收录诗歌 535 首。

寄茶墅作

田九龄

世路风波恶,沧浪水自清。

白云供手钓,长岁乐躬耕。

鸟听花间弄,人疑画里行。

不知霞外客,若个得荣名。

茶　墅

田九龄

年时落拓苦飘零,瀹茗闲翻陆羽经。

霞外独尝忘世味,丛中深构避喧亭。

旗枪布处枝枝翠,雀舌含时叶叶青。

万事逡巡谁得料,但逢侑酒莫言醒。

钱牧斋先生仿元微之何处生春早舜子和十章颇觉解颐严平子有云老人正当赋艳诗也老夫遂和十章(其七)[①]

田甘霖

何处生春早,春生小院中。

绿窗归蝶梦,白纻落梅风。

煮茗勤看火,摊书爱倚栊。

卷帘香雾散,掩映一枝红。

次雪斋山行韵(其一)

田甘霖

把袂欢迎放早衙,对看双鬓各添华。

---

① 以下三首录自《〈田氏一家言〉注》,湖北人民出版社 2013 年版。

再来作客初非客,正喜离家即到家。

未问灞桥雪时句,且尝谷口雨前茶。

绿天庵里翘相待,老笔重题去后巴。

笼中鹦鹉（三首）戊戌被留军中作（其三）

田　圭

陇西佳产出村隈,恼杀缯罗强作媒。

上皇安否从谁问,且到堂前唤茗来。

谢关鼎先生惠雨前细茶[①]

田泰斗

青山捧出碧昌明,折节欣然赐后生。

犹带雨前春露湿,待收云外玉涛烹。

半封淡泊寒儒礼,一片殷勤长者情。

此祭深心侬识得,教侬诗句合他清。

谢徐确夫惠家乡茶叶

田泰斗

千里家山味,隔江故旧情。

都随佳贶到,不但佐诗清。

五峰竹枝词（其十三）

田泰斗

《竹枝词》欲写重阳,恐袭题糕旧典章。

记得采茶歌更好,重阳造酒菊花香。

---

① 以下五首录自《望鹤楼诗抄》，1999 年内部刊本。

五峰竹枝词（其二十四）

田泰斗

茶礼安排笑语温，三朝梳洗共回门。

新郎影落新娘后，阿母遥看拭泪痕。

夏夜杂兴（其四）

田泰斗

蚊雷悄无声，斗室清若水。

拨火刚烹茶，曙色明窗纸。

开门睇东方，一缕红霞起。

齐霁听蛙

田峥南

蛙声一听乍晴天，夜月残灯伴鼎烟。

花映壁间窗映斗，茶烹欲熟火红鲜。

售红茶

田卓然

红茶红茶难为商，购自山中售外洋。

外人嗜茶如性命，大宗出品颇擅场。

迩来亦自精种植，毕竟无如中国良。

商人挟资居奇货，竞赴山中亲督课。

分遣茶师四搜剔，一从暮春抵仲夏。

茶户种茶倚山坡，茶时听唱采茶歌。

若者携筐若负篓，总是贫家男妇多。

碧山摘来叶青青，费尽揉捻着汗均。

主人但求天不雨，端藉阳光烘炙成。

即日担负投行去，檐前沸沸烹泉处。

盛注碗中不移时，茶师翻覆为借箸。

乌叶花青及烧未，当场往往多胶轕。

官厘斤抽一余户，四两样茶行户夺。

半偿旧债半工资，依旧空空谁恻怛。

商号驼卫如云屯，制工尤役及千人。

初就其中捡粗老，纤纤女手日纷纶。

数筛数捡渐精细，伙堆上炕俱不易。

粒粒匀净贮成箱，运程远近畴复计。

特色洋商海上来，楼榭玲珑无点埃。

包揽联帮扼我项，惟凭洋奴金口开。

洋奴由来亦汉种，价值高低旋被雍。

于中取利已多多，一期不售尤堪悚。

明知亏折售太贱，更无售主向其变。

吞声动耗数万金，不曾一识洋商面。

容阳竹枝词（其一）[1]

洪先绪

春山桃李烂如霞，女伴相招笑语哗。

今日晴和天气好，阳坡去摘雨前茶。

---

① 此诗录自《鹤峰州志》，清道光二年刻本。

容阳杂咏[①]

向裕祜

宣慰兹专阃,蛮王尚故宫。

山垂城似网,水抱市如弓。

古柘沿溪绿,仙桃映谷红。

赚他千年鹤,栖老画屏中。

东道毗巴子,西封逼夜郎。

土输茶作贡,农挽草分庄。

避世兼秦汉,居民媲魏唐。

尚多遗父老,往事话容阳。

容美土司田舜年遣使投诗赞予《桃花传奇》依韵却寄[②]

(舜年诗文亦甚富,亦有传奇数种)

孔尚任

惊见诗笺世外霞,武陵小记不曾差。

日边汉殿新通使,洞口秦人旧住家。

鸡犬声中添讲舍,樵苏烟里建军牙。

列侯符印悬如斗,属国山河聚似沙。

直上千盘寻鸟道,曲流一线引鱼槎。

八方未凿峰峦古,百草才尝气味嘉。

父老虽烦天语问,沧桑岂令世情嗟。

---

① 此诗录自《续修鹤峰州志》,清光绪十一年刻本。

② 此诗录自《长留集》,清康熙五十四年刻本。

常怀乐土舟难入,欲访仙源树易遮。

归去楚臣兰有臭,投来郢曲玉无瑕。

文翁壁画经生览,僰道弓衣赋客夸。

自是笈头收药物,何须扇底看桃花。

惊魂阵马云驰想,眨眼风涛海傍涯。

解组全辞形势路,还乡稳坐太平车。

离骚惹泪余身世,社鼓敲聋老岁华。

爱把奇文薰艾蒳,胜游异域拜毗邪。

从今水乳神交切,只乞容阳数饼茶。

山家乐[1]

顾 彩

种茶百余树,种竹数十亩。

结庐傍丘壑,开门向花柳。

东田新秫熟,随意酿春酒。

岂徒自斟酌,还以待宾友。

何用知阴雨,凉风吹户牖。

何用知晚晴,斜日挂林薮。

牛羊各自下,月出大于斗。

扫叶闭柴扉,扶藜送邻叟。

山中虽有虎,不致伤鸡狗。

岁稔俗既淳,盗贼亦稀有。

田家乐此意,耕凿到白首。

美彼陶潜诗,长吟过山口。

---

[1] 以下四首录自清顾彩《容美纪游》,清道光二十三年刻本。

采茶歌
顾 彩

采茶去，去入云山最深处。

年年常作采茶人，飞蓬双鬓衣褴褛。

采茶归去不自尝，妇姑烘焙终朝忙。

须臾盛得青满筐，谁其贩者湖南商？

好茶到得朱门里，瀹以清泉香味美。

此时谁念采茶人，曾向深山憔悴死。

采茶复采茶，不如去采花。

采花虽得青钱少，插向鬓边使人好。

东九峰
顾 彩

放眼全收万壑青，怡神频过草元亭。

笔床麦秀寒时拥，茶灶黄梅雨后馨。

掷地新声嗤蚓窍，摩空健语振雕翎。

遥怜世上悠悠子，寂寞书堂老腐萤。

容阳杂咏十四首
顾 彩

嶙峋奇石俯重关，不是猿猱未许攀。

步步摧轮何足道，寝兴俱在太行山。

土屋茅庐户不扃，四无邻舍虎纵横。

纸钱一片神祠压，彻夜鼾眠直到明。

壮夫闻战喜趋跄，甲重无忧炮火伤。

葛面杜根龙爪谷，腰囊各自裹军粮。

幕府无常东复西,军民襁负待迁移。

儿童习惯崎岖路,翻怪平原失所宜。

洞壑离奇与世殊,仙灵青响应传呼。

秉灯行到深深处,六月炎蒸半点无。

园亭不用巧安排,碧水丹山面面开。

闻说避秦诸父老,月明还步出林来。

妇女携筐采峒茶,涧泉声沸响缫车。

湔裙湿透凌波袜,鬓畔还簪栀子花。

蕨饭馨香咂酒甜,小机当户织双缣。

与人钱钞都抛却,交易惟求一撮盐。

短褐芒鞋乏从人,官登三品类编民。

将军府第开华宴,满胫黄泥作坐宾。

尺涧拳山异致多,乡村随处足婆娑。

蛮童见惯知名姓,侧立溪桥让客过。

刻木为舟细网牵,倒身跃入水中天。

渔儿捷似穿波獭,口啗银鳞跳上船。

驻年休说有黄精,通草还堪煮作羹。

野草满山俱入药,神农强半未知名。

密雨齐浇万壑松,满楼山色尽空濛。

大痴山水人间少,真本原来落此中。

雨歇西山报夕阳,楚天环佩响叮当。

蕉窗山月凉如洗,疑是佳人卸晚妆。

16.2 散文游记

容美纪游（节选）

顾 彩

容美宣慰司，在荆州西南万山中，距枝江县六百余里，草昧险阻之区也。或曰：古桃源地，无可考证。然此地在汉、晋、唐，皆为武陵蛮。武陵地广袤数千里，山环水复，中多迷津，桃花处处有之，或即渔郎误入之所，未可知也。夫其地广人稀，山岭迷闷，入其中者，不辨东西南北，宜为餐霞采芝者所居。避秦人择而处焉，岂复知有世间甲子哉？或曰：桃花源本非真有。渊明（以下阙字）好文者诸司（此处亦阙字）诸侯。惟桑植、永顺、保靖及蜀之酉阳，势位与之相埒。其余忠峒、唐崖、散毛、大旺、高罗、木栅、东乡、忠孝等名目，不可悉数，皆仰其鼻息，而懔其威灵，若郑、卫、邾、莒之事齐、晋。合诸司地，总计之不知几千百里。屏藩全楚，控制苗蛮，西连巴蜀，南通黔粤，皆在群山万壑之中。然道路险侧，不可以舟车，虽贵人至此，亦舍马而徒行，或令土人背负。其险处一夫当关，万人莫入。宜乎自古迄今，不能改土而设流也。假若宦辙可至，宁肯举腹里之地，弃同荒徼哉？查容美土司后于雍正十三年改置鹤峰州，属宜昌府。

宣慰使田君舜年，字眉生，号曰九峰。其先世田弘正，唐魏博节度使。土司若忠峒、忠孝等宣抚司多田姓，故田亦巨族。然皆土人，惟君先世系中朝流寓，不与诸田合族。明末流寇煽虐，荆、襄诸司，亦有保据僭号者。君之父甘霖率先归附于我朝。

世祖章皇帝累加宠锡，加衔至太子太傅左都督，卒谥武靖。君，其长子也，少被家难，辛苦备尝，为荆郡庠生，君父甘霖为流贼所执。君奔控有司，经营救父，故常流寓江陵，应试入泮为诸生。屡试棘闱，不第。父殁，归袭世职。吴逆倡乱，兵入楚界，欲羁縻以伯爵，君坚持本朝印信，据险自守，寇不能窥。事平，以功加号骠骑将军。君博洽文史，工诗古文，下笔千言不休。所著有《田氏一家言》《容阳世述录》《廿一史纂要》《六经撮旨》。爱客礼贤，招徕商贾，治军严肃，御下以简，境内道不拾遗，夜不闭户。

余自十五年前，闻毗陵蒋子玉渊名鑨，极道容美山水之秀、主人之贤，固已心向往之,然无便往游。癸未冬,以事过枝江县,有农部孔东塘先生名尚任寄书候宣慰君。而枝江令孔君振兹名毓基闻余欲往,颇为怂勇,乃觅司中贩茶者以书附,令持归道欲游意。其人得书,踊跃甚喜,曰:吾主极好客,恨数年来绝无往者。今见书,必遣使来迎,但少需时日耳。遂赍书及诗去。时十二月二十六日也。……

初八日,晴,早行。路滑,几堕不测之崖。时时有云气来袭,人辄如入绵絮中,更不辨足底高下,最为危栗。饭两崖间古松下。有茶客数人驱驴至,亦坐憩松间,云此处距宜沙不过百里,分两程可到。因登坡上指数峰外,一峰峭岈瘦如芝盖,即宜沙也。……

宜沙别墅地属岳州府石门县,其楼曰"天成"。制度朴雅,草创始及其半。楼之下为厅事,未有门窗,垂五色罽为幔,以隔内外。是日折柬招宴,奏女优,即索余题堂联。平地涌青莲万点峰峦皆下视,中天辉画栋百年堂构此新成。其前广场可一亩,花竹皆新栽。南环大溪,下通水南渡属澧州。水盛时,舟楫可溯滩而上。溪南列岫如屏,茂林修竹,宛如兰亭间也。余寓舍甚黑暗,止宜睡。司茶者篝火室隅,昼夜无熄火,稍微即寒冽如穷冬。返寓,乃送肴六簋、酒一壶,后以为常。……

二十三日,君以新茶、葛粉、竹鼬、野猪腊、青鱼鲊、虎头脯饷余寓中。自后,每有佳馔及土物,必遣人相馈。

南府署极雄敞,倚山面溪,前有石街,民居栉比,尽石林山脚,皆阛阓也。君以楼工未竣,欲余迁寓民房。余相度数处,俱湫隘不堪,乃不果移。溪外有亭台数处可舒眺,其北有岩洞,名"燕喜",深十余里,外窄内宽。土人避寇,常聚居其中。今则洞空无物,洞外有毒草,名"蛇麻",多刺,犯之则螫人,甚于蜂虿,痛一日乃定。羊马俱远避,惟猪食之则肥。……

改火法依古行之,春取桑柘之火,则以新火煮新茶敬客。……

守梅阁在乐天园后。壁嵌天然石梅一株,苍干白花,夭矫纷披,元人笔似之。君常读书其中。阁下正天泉发源处。此全司最胜区也,于此有天泉山卓立万仞,泉激圈之,距此五十里。君累石为茶灶,安铜铛,筒引壁间水注铛中烹之。满则塞其窦,将竭则又注,竟日饮千人亦不竭。……

诸山产茶,利最溥,统名峒茶。上品者,每斤钱一贯,中品者,楚省之所通用,亦曰湘潭茶。故茶客来往无虚日。茶客至，官给衣食，以客礼待，去则给引。……

二十五日，君遣前使覃千总领向把总、彭百户、柳门子及行李夫三人，以骡一、马二送余起程。赆物余璧其杯、缎，收川马二匹、黄连二斤、峒被二床、峒巾十条、茶叶四篓、密钱二瓶、路菜十种及程仪。……司中小校及歌者隔宿携酒梄来与余从人饯别，相持而哭失声。……

七月初一日，晴，乃行，路平坦，连冈舒缓，流水琮琤，多茶客。抵油溪属石梁司，宿民家，室宇窄隘，无床榻，深夜凉，牛虻螯人，蛙鼓聒耳。是日行四十五里。……

初六日，行平冈，无复山险，至白马溪，乃更起群峰，一潭澄泓，民居环之。茶客二十余人，放驴满山，余杂之共宿一店。溪中每夜有物大呼，不知何怪。是日行□□里。

鹤峰峒茶引

李传锋

你喝过故乡的茶吗？故乡的茶是最有滋味的，它可以喝出儿时的记忆，喝出漫山的翠绿和遐想，喝出无尽的亲情和故事。

我的故乡，地处武陵山余脉，傍三峡，近洞庭，山高林密，气候温润，百草为灵，土壤富硒，盛产峒茶，绿茶最优。文献记载，土司茗贡已近千年，百姓每日必饮，赋客禅师尤喜。戊子清明后，北京和武汉的文友来鹤峰办笔会，适逢县里举办首届茶叶节，一时宾贾云集，见十余万亩茶园天地皆绿，春暖花开，坐饮新茗，感慨系之，作《鹤峰峒茶引》：

鹤峰产峒茶，茗贡千载传。

根植武陵谷，滋养云雾间。

芽嫩汤色好，春深汁更酽。

远客骑龙归，呼朋煮翠泉。

一盏尘心净，三杯活神仙。

作罢这段顺口溜儿，很久没能"引"出下文，时隔一年有余矣。

三百多年前，清代著名戏剧家孔尚任就在《桃花扇本末》里记载："楚地之容美，在万山中,阻绝人境,即古桃源也。""楚地之容美"就是现在的湖北鹤峰,鹤峰在清1735年改土归流之前近千年间由土司自治,有四关四口作为门户,门户之内为峒地,峒地所产之茶曰峒茶。我的故乡历史上有过一个很好听的名字——容美,从汉字字面上看,是说这个地方风景秀美,容貌十分美丽,但容美这个词是土家语,也有写作容米、雍米、容阳的,据土家语学者考证,在古土家语中,"美"是"妹妹"的意思,如此说来,这个民族在远古,是由美丽的女人当家的。

在我们村里,很多家庭都是由女人当家的。我的家里,就是母亲当家,母亲的能干远近闻名,父亲巴不得清闲,像个听话的长工,每天只认吃饭干活,里外一切交由母亲料理,说一不二。比如,父亲爱喝茶,但我们家没种茶,每当春茶出来的时候,父亲想要买点新茶来尝鲜,但母亲不同意,她认为新茶只是个名,寡淡,花钱不值,要等春茶摘过了,伏茶也过了,母亲才会去向人讨摘些老茶,精心地炒晒,那样的老茶叶,用铜罐放在火塘边一煨,满屋生香,汤色极浓,父亲劳作回来,放下疲乏的身子,接过一壶茶,喝得有滋有味。我曾偷偷地尝过,极苦。

我还记得,家里若是来了贵客,得做一碗"泡儿茶"。做泡儿茶是极讲究的,首先得用上好的糯米,用冰凉的山泉水浸泡,上甑蒸熟,大晴天,摊开放在阴处,阴干,就成了"阴米儿",然后密封在瓦坛里备用。来了客人,把"阴米儿"拿出来,用油沙或用食盐放在锅里爆炒,阴米儿就炸成了"爆米花"。爆米花做成了还不够,还要抓一把茶叶,用油炸一下,和爆米花一起放在碗里,放上白糖或蜂蜜,用滚烫的开水冲泡,有的还会打一个荷包蛋在里面,这完全要看家底条件,看客人高贵到什么程度,或者说要看妈妈当时的心情而定,比如姐夫第一次上门,比如舅舅过来了,那碗里的内容就十分丰富。吃泡儿茶也很有讲究,要做出很斯文的样子,慢慢地吃,主家在碗上只放着一支筷子,筷子不能成双,蛋更不能成双,如果给你碗里放两个蛋,你吃了,就是吃卵蛋,那可是大笑话了。我们土家人招待贵客,除了泡儿茶,还有油茶、鸡蛋茶,母亲还能把玉米、黄豆、小米都做成"爆米花"。我是很愿意到亲戚家去做客的,我才不怕吃卵蛋哩,我会大声说,卵蛋就卵蛋,越多越好。那苦涩的罐罐茶哟,那滑嫩的荷包蛋啦,那香脆的炒茶叶啊,至今还回味无穷哩。

　　我的初中是在茶乡上的,那里叫走马坪,从学校四望,一座座丘岗,上面种的全是茶树,一行一行,一圈一圈,像斑马的皮纹,连天接云,间有树林,极是好看。每年的三月,艳阳初晴,桃花盛开,茶山上便飘出多情的山歌:"高山坡上一蔸茶,年年摘哒年年发,头茶摘哒斤四两,二茶摘到八两八,把给幺妹儿做陪嫁。"一听到这歌,我们知道,要放农忙假了!要去摘茶了,因为摘新茶是季节性的活儿,"头茶苦,二茶涩,三茶好喝无人摘",国营茶场的人手少,年年都来找我们中学生帮忙。

　　在晨曦中,在薄雾中,村舍茶园,弥漫着春的气息;在歌声里,在欢笑里,穿红着绿,到处是采茶的人儿。茶垅上,脆嫩的茶芽,千针万簪探出头来,仰着脸看着你。你轻轻地伸出手,尖尖的两指掐住了一片嫩芽,却不忍心把它从枝头摘下来。每一片嫩芽就是一个小人儿啊!摘下来了,摘下来了,在茶筐里活蹦乱跳哩,可它流泪了,枝头在流,叶柄也在流,一滴一滴,像露,像油,又像血,晶莹得很,你就有些不忍心了。随之,一阵阵清香弥散开来,香了你的手,香了你的鼻,也香了你的心。摘累了,我们就去山泉边喝水,去看桃花儿,去树林里采摘一种油茶树的果实,名叫茶泡儿,很好吃的。那时候,我们山村,还没有进来什么化肥和农药,也没有工业污染,用今天的时尚说法,种的是自然生态茶园,采摘的是绿色有机茶。不信的话,你可以摘几片茶叶,不用洗的,直接放在嘴里咀嚼吧,满口生津,那汁液慢慢地滑向喉头,准让你周身通透舒坦。

　　故乡做的茶主要是绿茶,不发酵的,摘茶靠手工,杀青、炒揉也是手工的,烘干靠柴火,拣茶还得是手工,许多茶叶因为来不及采摘,只好老在树上。那时候,家乡的茶虽好,产量却不高,茶农舍不得喝,全卖出去了,自己只去拣那老叶子来喝。喝不起茶的人,就去摘木瓜子树叶、林檎树叶煮茶喝,是所谓"粗茶淡饭"的日子,那时候,我对于茶的知识,还处于少得可怜的阶段。

　　茶叶之被入史,始于公元前"武王伐纣",迄今数千年矣。唐朝的陆羽写出了世界上第一部有关茶叶知识的百科全书《茶经》,从理论上正式奠定了中国作为茶叶王国的地位。饮茶这种好事,中国人当然不会独享。最早来中国学茶的是近邻日本的僧人,他们不但学了佛,还学会了喝茶、制茶,回去之后,发扬光大,就创立了有名的日本"茶道"。有了丝绸之路，茶叶就传入了欧洲。17世纪初，中国人自己把茶叶带进了俄国，再后来，德国、英国、荷兰、印度、斯里兰卡等国都请中国人去帮助种茶。茶叶从中国走向了世界，中国的文化随着茶叶也走向了世界。现在，世界上大约有五十多个国家种茶、饮茶，也卖茶。我想，他们在喝茶的时候，是不得不想起中国的，因为世界各国茶名的读音也都是直接或间接从中国传入的，茶之于中国，就像丝绸、瓷器之于中国一样。

走的地方多了，喝的茶多了，看的书也多了，我才知道，古老传统的中国茶文化真是博大精深，它不仅仅是茶的文化，它还可以承载和融合多种文化艺术，茶道所提倡的是人与自然和谐相处的境界，有关茶的书籍可谓汗牛充栋。柴米油盐酱醋茶，茶是开门七件事之一。茶为国饮，国人在种茶制茶和饮茶中积累了丰富的知识，把中国的茶大致分为六类：绿茶、乌龙茶、红茶、黄茶、白茶、黑茶，现在还有再加工茶。茶的分类是以初制工艺与多酚类物质的氧化程度为依据进行分类的，用我这个外行的话说，就是以发酵的程度不同来区分的，比如，绿茶属于不发酵茶类，红茶属全发酵茶类，乌龙茶属半发酵茶类，黄茶属微发酵茶类，轻微发酵的属白茶类，黑茶属后发酵茶类。每一类还可以再细分，比如绿茶，按照初加工时的杀青和干燥方式不同，又可分为蒸青、炒青、烘青和晒青。中国的茶区大致分为四区：长江之北称为江北茶区，长江之南有三区，即西南茶区、华南茶区、江南茶区，江南茶区为中国茶叶主产区，年产量约占全国的三分之二。我的故乡鹤峰属江南茶区，鹤峰峒茶以绿茶为主，也产红茶和再加工茶。改革开放之后，满世界的茶叶经销商都进山来了，江浙人、台湾人也进山来租地，生产乌龙茶，销路也很好。当然，现在像我的父亲那样喝粗叶子罐罐茶的人已经很少了。

孙中山先生生前对茶有过高度评价。他指出："茶为文明国所既知已用的饮料……就茶而言，最为合卫生最优美之人类饮料。"中山先生对茶的评价抓住了人类饮茶的根本点，它是一种健康的生活习惯，也是一种优美的精神享受。茶叶被世人所喜饮，其主因恐怕还是其提神助兴的作用，和外国人爱喝咖啡、可可，应是一个道理。还有另一个道理，爱喝酒的人有发酒疯的，世界上喝酒误事的故事很多，但爱喝茶的人，没听说有发茶疯的，茶是一种讲中庸的东西，是一种讲和谐的东西，喝茶能稳定人心，喝茶能融洽关系。中国人发现了茶叶，又发明了饮茶，推而广之，福被全球。除了烟酒之外，茶和咖啡、可可便成了当今世界三大饮品，其地位之稳固，其需求之旺盛，无出其右。现在，全世界产茶的有五十多个国家，茶叶已成为一个世界性的产业。随着茶产业的发展，茶文化迅速崛起，茶已被世人公认为最好的保健饮料。喝茶是生活的享受，是健身的良药，是提神的饮品，喝茶也是交谊的纽带。如果说烟与烈酒是长寿的毒药，那么茶与咖啡就是人生的神品。

饮茶作为一种解渴助兴的生活需求，演化为一种文化的形态，得益于皇室的搜求、文人的推动、佛教的盛行、百姓的参与。皇帝爱饮茶，各地就会搜奇斗胜，争相献茗，茶的特色品类就丰富了；和尚们要念经，为了提神抗倦，也有时间，就对茶精工细制，茶的精品名牌就出来了；官宦饮茶，突出庙堂气、形式感，十分讲究茶具的气派，金银铜铁锡、玻璃塑料、陶瓷竹木无所不用；文人哩，对什么都爱推波助澜，要讲究色香味形四要素，爱讲究饮茶的形式和韵味，茶道也就多，咏茶的诗也就多；百姓饮茶无疑帮助了生产的扩大，繁荣了茶叶的市场。于是，茶楼、茶馆、茶室遍布，茶艺、茶道、茶俗各异，茶事兴旺，蔚然而成风矣！江浙一带，人们对龙井茶情有独钟，北京人就比较喜欢喝茉莉花茶，藏族同胞有制饮酥油茶的习俗，蒙古族妇女都有一手煮咸奶茶的好手艺，闽粤人爱饮乌龙茶，大理白族的"三道茶"魅力无穷，我们土家人待客最拿手的是油茶汤……这都与各地气候、物产、文化、习俗有关。

容美峒茶只是中国特色茶中的一种，约有五百多年的历史。土司时期，容美"诸山产茶，行销湖广"，叫得很响的品牌是峒茶。许多茶客不远千里进山贩茶，"茶客来往无虚日"，土司每去京城进贡，茶叶是必带的，他们还在汉地办有茶栈，近似于今天的驻外办事处，招商引资……以茶会友，从事贸易。容美土司繁盛时期，峒茶和药材就是它"雄镇西南"的经济支柱产业，容美峒茶以其天然内质受到汉地茶客以及俄国和英国茶师的称赞。

五百年眨眼过去，如今国家支持民族地区发展特色农业，茶叶已经是全县的支柱产业了。经过了多次技术改造，密植茶园，无性系繁殖，推行标准化生产技术，机器采摘,机械加工,种茶的收入远高于种粮,所以老百姓种茶的积极性很高。鹤峰如今已有十六万亩茶园,年产量、种植面积和出口量都位居全省第一,被国家林业局认定为"中国茶叶之乡"。茶叶经济给老百姓带来了可观的收益,古老的茶文化已经成为发展旅游的推动力,现在县里又在狠抓"无公害、绿色、有机"三大关键,抓资源整合,县里领导多次邀请我们在外工作的人回去看看。去年国庆节,我带了妻儿,一家子回到故乡,来到我当年采茶的山头,伫立良久,真是旧貌换了新颜! 女婿是山东人,他说他从来没有见过如此规模如此美丽的茶山,四岁的孙子更是欢喜雀跃,在茶园里乱跑,盯着摘茶的机器跃跃欲试。我说,这只是秋天的茶园哩,最好看的是春天的茶园,"三月茶乡风光好,采了春茶好插秧",看到茶乡的变化,心头欣慰极了。

云雾山中出好茶,科学家们发现,在恩施土家族苗族地区,土壤中富含一种微量元素叫硒,这种东西人体不可或缺。据说,山里姑娘皮肤水色好,鹤峰姑娘会唱歌,都与这些东西有关。鹤峰峒茶已经过浙江农业大学、中国科学院、中国茶科所有关专家的鉴定。他们认为,鹤峰天然富硒茶,茶叶细秀,汤色嫩绿,香气高鲜,滋味浓淳,含硒量丰富(0.35—0.75ppm),低硒地区人们常饮可起安全补硒作用,有益健康。又据有关资料说,中国出产硒的地方很少,也就一二处,也就是说,中国绝大部分地区属于低硒地区。恩施土家族苗族自治州是全国最大的硒产地,被称为"中国硒都",又据说,这硒元素虽为人体所必需,硬加还加不进去,唯有通过含硒土壤上生长的东西如茶叶这类有机物才能被人体所吸收。怪哉,我一出生便在享受这种稀有的硒元素,竟浑然而不知,就像我们并不知道猕猴桃有多么好,从小就去山上摘来吃一样,穷人的孩子自有天照应啊。

我经常在武汉的街头观察,大街小巷挂满了南茶北茶的招牌,却极少见鹤峰峒茶的店子。我曾请教故乡的官员,一位说,鹤峰的茶叶主要是销往外国,不需要在省城推销的。另有人则告诉我,鹤峰的茶叶产量大,加工能力不够,主要靠卖大宗毛茶,被外地大茶庄买去,掺进他们的茶中,可以提高品质。我知道,中国是茶叶的原产地,是茶叶出口大国,但目前中国的茶叶在世界市场上所面临的形势很严峻。有资料说,以英国为代表的西方发达国家,人均年消费茶叶两公斤多,而我国国内人均消耗量不到半公斤，我国的茶叶出口价格比斯里兰卡、肯尼亚要低，如果我们的茶叶质量再提高一点，如果我们的国内人均消费再增加一点，中国茶的经济效益将是何等的可观，茶业产业将会得到很大的促进。据说全国现有数万家茶叶公司，但出口不敌英国一家立顿。立顿、可口可乐给快节奏的当今世界带来了便捷、卫生和人性化的茶饮料，简约的生活方式掀起了滚滚的竞争浪潮，中国茶的优势受到了极大的冲击。看来，在国际上做茶叶生意，也是一种文化观念的博弈，得造"航母"，打"品牌"。国内又何尝不是如此？农民土地分散，生产管理不规范，质量就难有保证。小公司多、招牌多，村村点火，处处冒烟，那仍属小农经济，赚点小钱可以，做大产业不行。看来，当务之急是要整合资源，要有科技支撑，要打好品牌，好茶也才会有好出路。

人生在世，既要操劳，也要享受，茫茫世界，嚣嚣都市，如能觅得清闲，捧一杯清茶在手，闭目养神，不亦快哉！北宋的文学家欧阳修在他的《茶歌》中写道："吾年向老世味薄，所好未衰惟饮茶。"我离开家乡快四十年了，现在已过花甲，应属"吾年向老世味薄"者流。家乡的茶就成了我的最爱，家乡每有人来，会带给我一些茶叶，有鹤峰、翠泉，有采花、玉露，品类很多，包装也精美。一看二闻三品，看那茶叶在杯中翻腾俯仰，香气袅袅，细细地品，慢慢地啜，何等的愉悦！鲁迅先生曾说过："有好茶喝，会喝好茶，是一种'清福'，不过，要享这'清福'，首先就须有工夫，其次是练习出来的特别的感觉。"我年轻时，倒有些工夫，却没好茶喝；中年时，忙得没有了工夫，也不会喝好茶；六十岁一过，既有了工夫，也有了好茶，却又没能练习出来特别的感觉。

朋友说，和尚是有工夫的人，仕人也是多有工夫的人，老百姓是最没有工夫的人，所以这天底下，有好茶喝的人是少数，会喝好茶的人也是少数，而特别的感觉是要慢慢练出来的。我一想，鹤峰峒茶的滋味不也是一种特别的感觉吗？故乡的茶是最有滋味的，它可以喝出儿时的记忆，喝出漫山的翠绿和遐想，喝出无尽的亲情和故事。能经常喝着故乡的好茶，这就是一种"清福"！这就是一种享受！这样一想，心中也就释然了。（2009年6月写于武昌水果湖茶港。）

——《世纪行》2010年第5期（有改动）

16.3 故事

属于鹤峰、五峰两县的贡茶故事

吴燕山

这是现代文化学者在武陵古茶道申报世界文化遗产采风过程中挖掘出来的历史故事。

要讲述这个故事,首先得讲清一个土司知识和两组名词。

首先讲土司知识。从宋朝到清朝,在很长一段历史时期内,我国对大西南特别是武陵山区的行政管理方式,是通过土司自治的方式管理的。鼎盛时期,在大西南地区设置过上千家土司,分宣慰司、宣抚使、安抚司、长官司、副长官司等多个级别。当时我们鄂西五峰、鹤峰、石门、建始几县范围内,就建立了一个大土司,就是以田氏为土司王的容美土司。容美土司在明前期是宣抚司级别,明末清初达到从三品的宣慰司级别,比现在的地级市还高。容美宣抚司下面领属有四大长官司:刘氏的椒山玛瑙长官司、张氏的五峰石宝长官司、唐氏的石梁下洞平茶长官司、唐氏的水泙源通塔坪长官司。这四个长官司在鹤峰境内的有一个半,即刘氏的椒山玛瑙长官司和半个水泙源通塔坪长官司,在五峰境内的有两个半,即五峰石宝长官司、石梁下洞平茶长官司和半个水泙源通塔坪长官司。

两组名词,第一是散贡和专贡,第二是散茶和团茶。

先讲散茶和团茶。在明朝以前,中华各民族乃至全世界都盛行生产砖茶和饼茶,将茶叶捣碎之后,压模成一定的形状炕干而成的茶砖或者茶饼,统称团茶。团茶是按照茶圣陆羽在《茶经》里的制作要求生产出来的。在饮用团茶时,必须先掰一块用碾槽碾碎,再用筛子和漉囊过滤,再行冲泡,过程很是繁琐。尤其是在战争年代,在车上马上饮用起来很不方便。所以到了明朝初期,朱元璋下令,一律将团茶改成一泡即饮的茶米。这各种不同形状的茶米,统称为散茶。

再讲散贡和专贡。一个土司就等于一个诸侯王国,土司对中央朝廷必须履行三项义务,第一是缴纳税收,第二是服从征调,第三是定期朝贡。朝贡就是将最好的方物特产奉献给朝廷。我们容美土司每年进贡的方物离不开这样几种:矮脚马、土蜂蜜、蜂黄蜡、葛仙米、草药材,以及虎皮、熊掌、麝香、鹿茸、峒茶等。其中峒茶是每年必贡的。峒是土人集聚地溪峒,峒茶就是土司地区生产的茶。这些来自土司地区的进贡统称为土贡,又叫散贡。虽然这些散贡是由各家土司虔诚、忠心奉献的,但是皇上很少享用,主要是因为皇上对土贡大多存有戒心。皇上享用的东西必须是朝廷派重要官员亲自跟踪生产、严格督办的,称"专贡"。宋元明清,皇上都设置有专门的贡茶院或贡焙院,督办贡茶。谁家的茶叶能有幸进入皇上的视野,列入专贡行列,那就身价百倍、一步登天了。

我今天讲的故事就是明朝万历年间专贡茶的故事。明万历年间,皇帝叫朱翊钧,万历是其年号,他死后被称为明神宗。

这明神宗朱翊钧很特别,登基时只有10岁,基本算个无知孩童,便由他的母亲李太后代为听政。辅政者还有两人,一是他的老师,太子太保张居正,担任内阁首辅;二是自幼陪他玩过的太监冯宝,担任内卫大臣。所以万历前期朝中大权实际上掌控在李太后、张居正和冯宝三人手中。这出生于我们湖广江陵的张居正是位了不起的人物,15岁中举,18岁即进士及第,被安排在朝廷当庶吉士,后累官至太子太保。他自幼就有改革朝廷弊政、实行新法、匡扶社稷的异志,担任首辅之后就凭借李太后和冯宝的支持,强力推行了一套改革法令,史称万历新政,又叫张居正改革。跟任何改革一样,他们的新政自然触动一大批官宦的利益,得罪了很多人。更重要的是得罪了那个儿皇帝朱翊钧。他在张居正、冯宝的阴影里忍气吞声过了10年。等到朱翊钧正式登基之时,碰巧张居正突然病逝了。这下万历皇帝可彻底解放了。他是个嫉恨心极强的人,立刻下令罢了冯宝,挖了张居正的坟墓,处死了他全家100多人,又在保守党的支持下断然废除了张居正推行的新政。张居正、冯宝推行的贡茶体系也被否定了。

张居正辅政时期,朝廷所用的专贡茶主要有西湖龙井、安溪铁观音、武夷大红袍、君山黄茶等所谓十大名茶,自然都是散茶。朝廷在当地都建有贡茶院。万历皇帝否定了这些名茶，就没茶喝了。这时，万历皇帝独出心裁，听说唐朝皇帝饮用的都是按茶圣陆羽在《茶经》里的统一制作要求生产的团茶，便下令在全国恢复已经废止了200多年的团茶体系，派身边最信任的太监到这十大贡茶基地去督制团茶。可是事与愿违，到各地的钦差陆续传回消息，说不仅找不到制作团茶的师傅，连设备都没有了。

万历皇帝很沮丧，没有茶喝倒在其次，关键是不能让同情张居正、冯宝的人看笑话。正在皇帝无计可施的时候，派到湖广君山的钦差孙虎传来好消息，他在遥远的楚西容美土司为皇上弄到了极品团茶——容美古树唐式团茶。

万历皇帝大喜，饮用了一段时间后，他就离不开这茶了，他正考虑为这款茶命名的时候，做了个梦，梦见上古神农氏驾临，万历皇帝亲为神农氏献上这茶，神农喝后觉得这茶跟他当年在武陵山尝百草时饮到的茶味一脉相承，同本同宗，于是将这款茶赐名为"神宗贡茶"。万历皇帝醒后即尊重神农旨意，将这款容美古树唐式团茶命名为"神宗贡茶"。他没想到，神使鬼差，这"神宗"二字，在他崩驾之后，竟成了他的庙号。世人不知，以为这神宗贡茶就是神宗皇帝的贡茶，殊不知是神农氏所赐的茶名。

为什么这唐式团茶失传了几百年，在楚西容美还能找到他的传承人呢？这还得交代另外两个重要的历史人物——土家族诗坛的开山祖师田九龄和他的侄儿田国华。

却说明朝嘉靖到万历年间，楚西容美土司的土司王是大名鼎鼎的中兴司主田世爵。他率先引进汉学老师，严课诸男，进行诗书教化，把八个儿子培养得高才博学、能文能武。六王子田九龄尤其聪明绝顶，阅览汉家诗书，过目不忘，竟成为跟当时明后七子王世贞、吴国伦等齐名的明代诗文大家。谁知树大招风，他的优秀引起了老大田九霄的嫉妒。老大担心父亲废长立幼，威胁自己的土司继承权，便多次企图加害六弟田九龄，置他于死地。田九龄无可奈何，只有长期在外流浪。他的老师用四句诗来形容田九龄的个性特点："平生钟爱诗酒茶，骑马仗剑走天涯。金钱爵位等闲看，武陵文星曜夏华。"田九龄先是躲到在澧水边结庐而居，后来又在五峰司主张廷玉的帮助下,在五峰司砂子垭附近的百战坡修建"五峰茶墅",安顿妻儿老小。这百战坡上有一片生长了几百年的古茶林。他在泗阳河畔古家岭一位老师傅(其茶技已传承十几代)的帮助下,制作出一款极品古树炒青古茶来,开启了他辉煌的人生。

后来,田九龄的大哥田九霄病逝,将爵位传到他二哥田九龙手里。田九龙对六弟田九龄是很友好的,他继位之后,田九龄本没有必要再四处流浪了,但是田九龙的几个儿子又为争夺王位产生了你死我活的矛盾。子宗元和宗恺勾结起来,利用外戚势力,企图夺嫡长子宗愈的权,又企图害死应袭子田楚产和嫡次子田宗文。这田宗文就是田国华,也是一位诗文天才,跟他叔叔田九龄关系亲密。两人便一起躲难到澧州,互相酬唱,以诗词结为文坛二阮。

那一年,叔侄俩在洞庭君山游玩,听说君山是产贡茶的地方,突然心血来潮,要拿着从百战坡带来的五峰炒青古树峒茶去和君山黄茶"斗茶",没想到不仅大获全胜,还巧遇万历皇帝派到君山督贡茶的太监孙虎。孙虎被这款极品容美峒茶吸引,进到容美深山去督制贡茶。几经曲折,终于制造出极品唐式团茶来。极品团茶传回京城,万历皇帝大喜,即把这款茶以他在梦中得到的名字命名为"神宗贡茗",下令在容美土司设置"贡茶院",命田九龄和田国华为贡茶院正副榷茶使。

田九龄和田国华意外成功,让田宗元和田宗恺嫉恨万分。田宗元和田宗恺最初本想借助贡茶之事,提高自己的影响力,谁知他们太贪心,竟然贪瞒了几桶贡茶,不仅没受到奖赏,还要受到朝廷的处罚。他们意识到,不仅继承土司王位的希望落空,后面恐怕还有更大的生存威胁,便下定决心,一定要搅黄这贡茶院,除掉田九龄和田国华。他们便派人到京城散布谣言,说督贡太监孙虎是假太监,还说"神宗贡茶"的制作过程十分肮脏,并不是按陆羽在《茶经》中记载的方法制造的。皇上听说后,一怒之下杀了孙虎,下令废除容美贡茶院,重新启用散茶供应体系。

这田九龄和田国华本来是想为武陵山万千百姓谋取福祉的,没想到遭此巨大打击,最后都郁郁而死(自杀还是他杀成为历史悬案)。这款极品唐式团茶便再也没有人敢提起。而容美土司甚至整个武陵山区曾是皇帝专供茶基地这样辉煌的历史,竟然数百年不为外人所知晓。

青山遮不住，毕竟东流去。是金子总要发光。半个世纪过去了，在当年出产过"神宗贡茶"的武陵山里，各种名茶层出不穷地涌现。当年容美土司采摘过"神宗贡茶"的几大古树茶园（采花台、古家岭、百战坡、香树岭、留驾司、锅厂湾、唐家铺等地的茶园），现在依然是百年古菀好茶的主产地。民间也还广泛流传着"神宗贡茶"的古老故事。现在这一地区更是诞生出鹤峰翠泉、武陵宜红茶、香水古树茶、留驾司贡茗、采花毛尖、恩施玉露等几支享有国际声誉的名茶。

"神宗贡茶"的故事是属于鹤峰和五峰的贡茶故事，也是整个武陵茶区的贡茶故事。虽然它数百年来只在民间流传而不见于正史记载，但其真实性是毋庸置疑的。大家知道，我们武陵山区正是神农氏遍尝百草、发现佳茗茶饮的地方，我们武陵山万千民众很多都是神农氏后裔，我们以茶饮先祖神农氏为宗，以茶圣认定的"山南好茶"为荣，要让"神宗贡茶"重新辉煌起来，造福万千神农氏后裔，以祭奠我们的神农氏先祖，祭奠为开创土家诗词先河、开发"神宗贡茶"做出巨大贡献的文化、茶饮先驱田九龄、田国华叔侄。

十七、图片辑录

17.1 馆藏文物

英商宝顺合茶庄招牌

渔关源泰红茶庄招牌

广东忠信昌红茶庄招牌

鎏金茶道中堂

孟悦来客栈招牌

木刻雕版

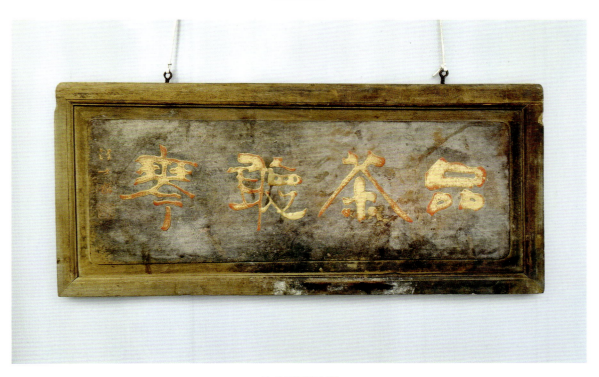

品茶听琴牌匾

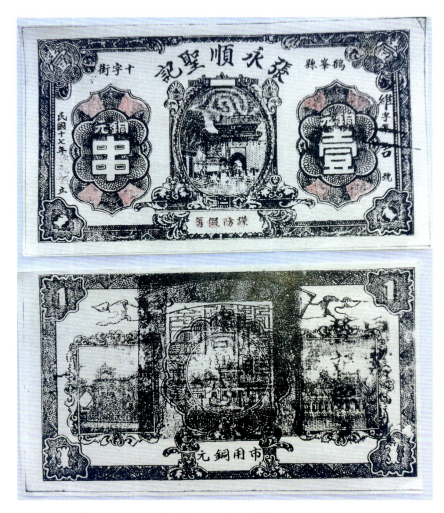

张永顺圣记发行的货币

竹编挑篓

竹编提梁茶篓

竹编晒席

冲担

背篓

弯架

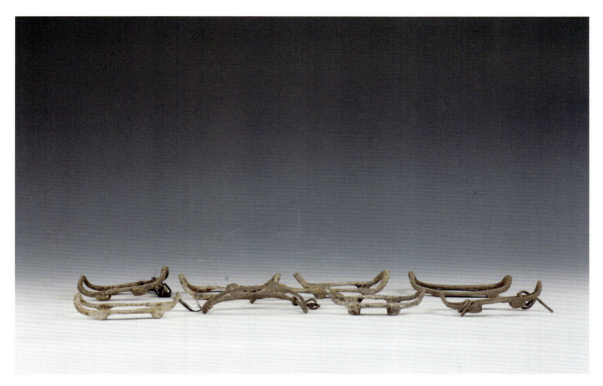

马蹄铁

骡队头骡佩戴的骡面花

驮架

骡马铃铛

钱柜

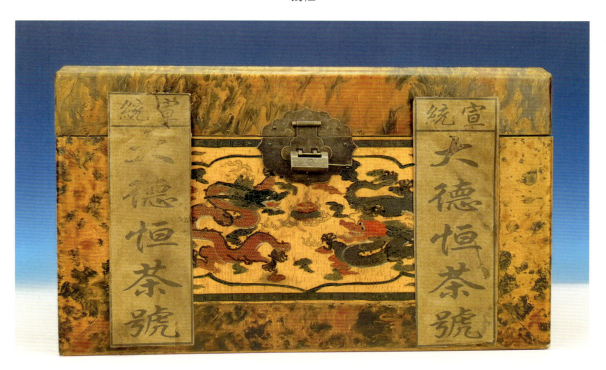

红茶箱(宣统大德恒茶号)

鎏金算盘

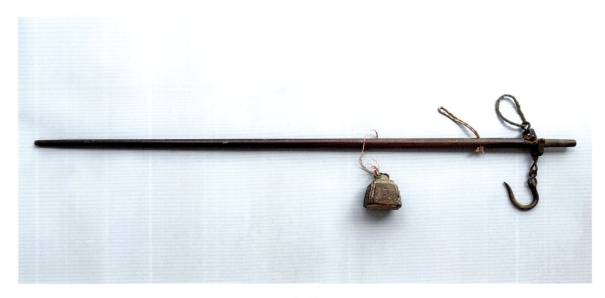

杆秤

印章

陆羽塑像

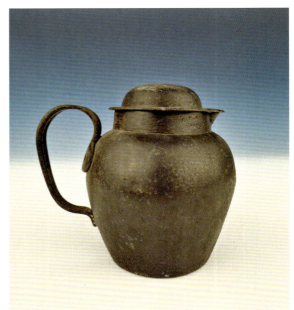

铜茶罐

茶叶罐

铜茶壶

铁茶壶

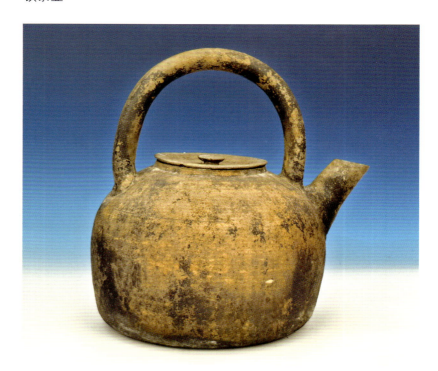

陶茶壶

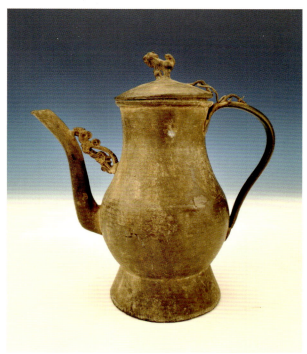

锡茶壶

张记茶号茶壶

茶壶

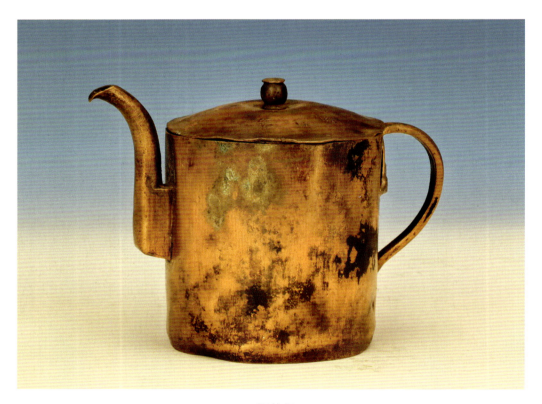

铜茶杯

茶几

茶盘

龙凤茶碗

茶碗

茶匙

油滴釉茶具套件

17.2 档案原件

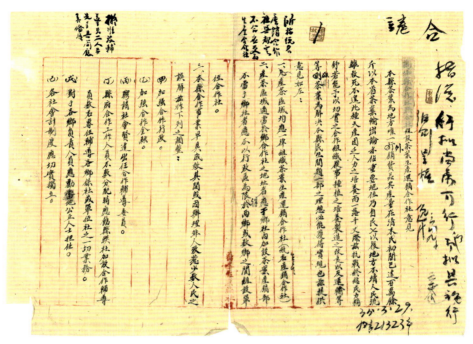

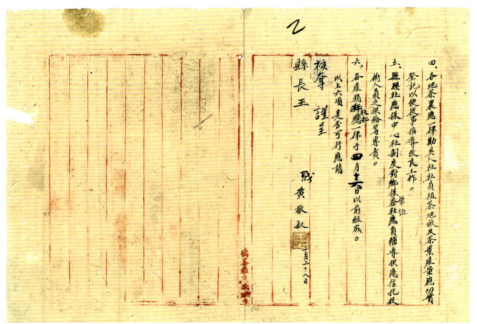

鹤峰县政府令

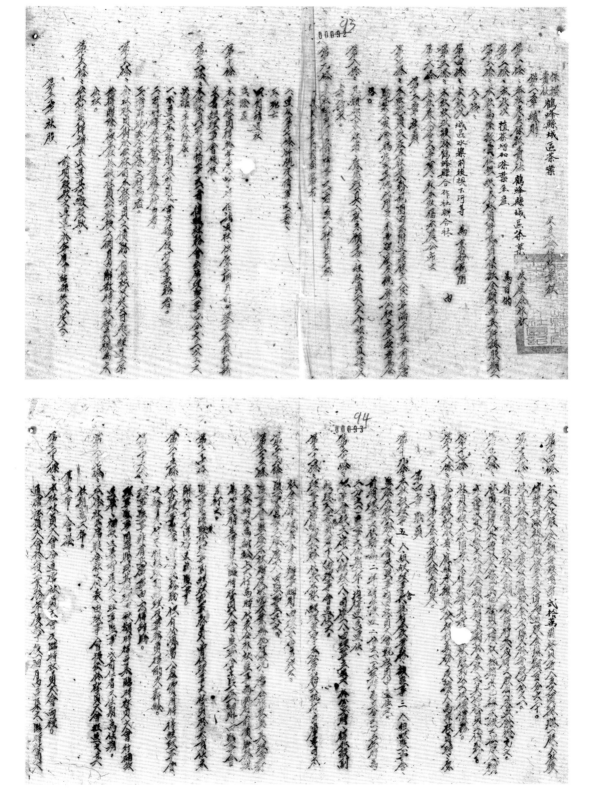

鹤峰县城区茶叶责任保证

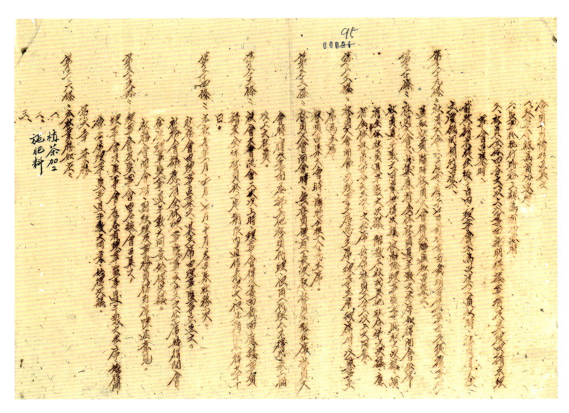

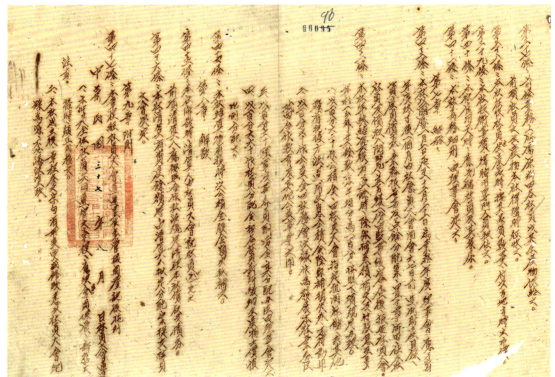

鹤峰县城区茶叶责任保证

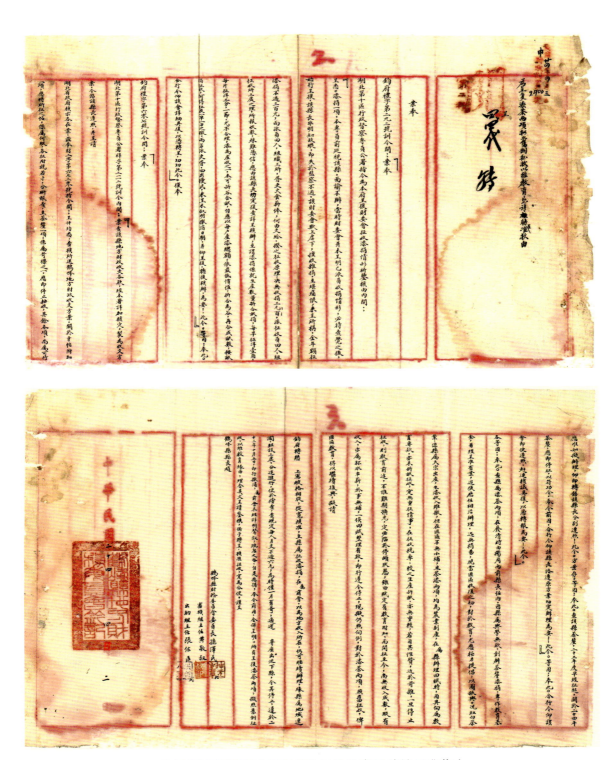

为呈复漆茶两项拟旧例征收以维教育恳请转呈准收由

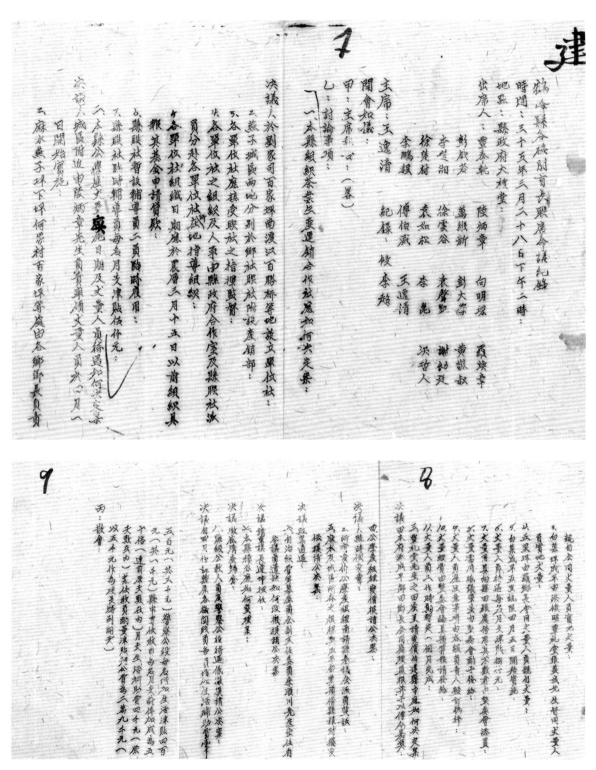

鹤峰县各机关首长联席会议记录

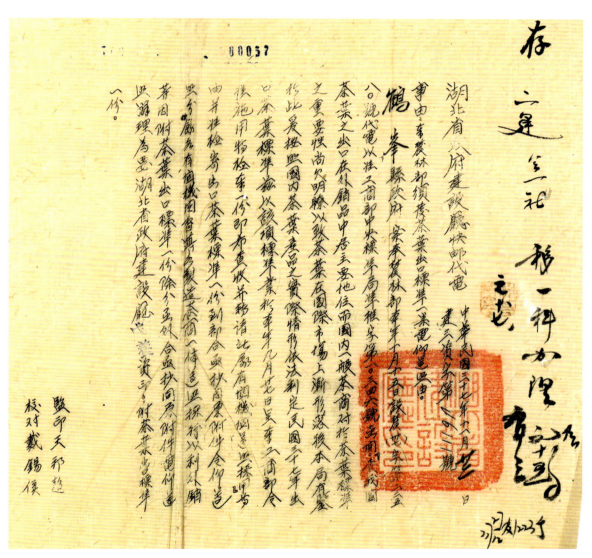

湖北省政府建设厅快邮代电

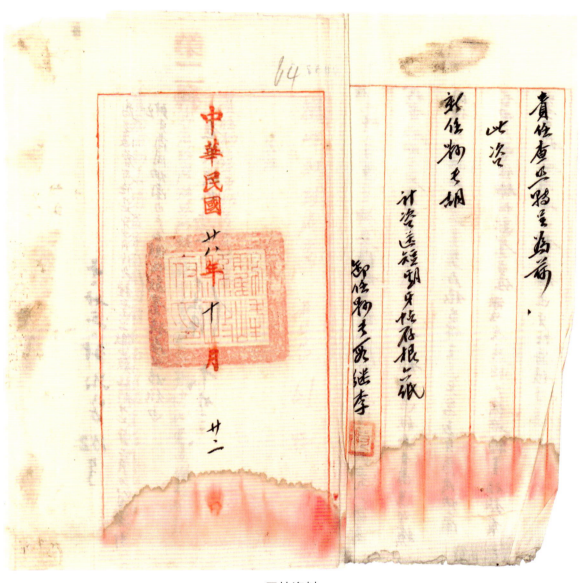

牙帖资料

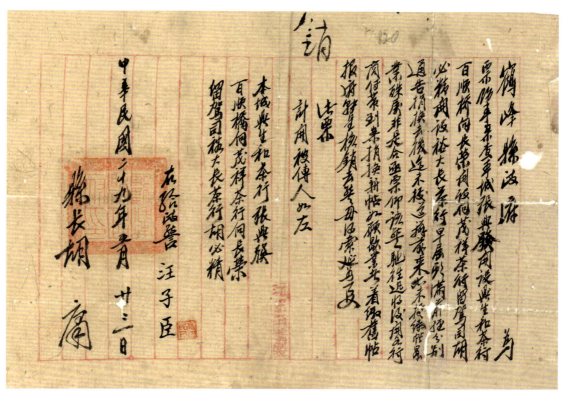

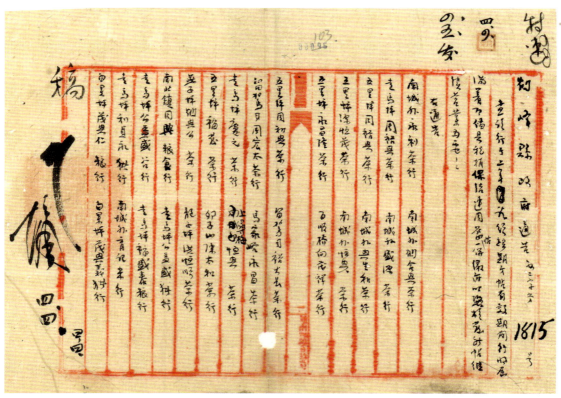

牙帖资料

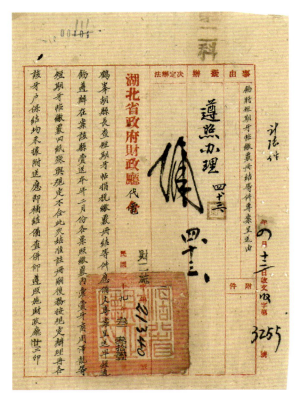

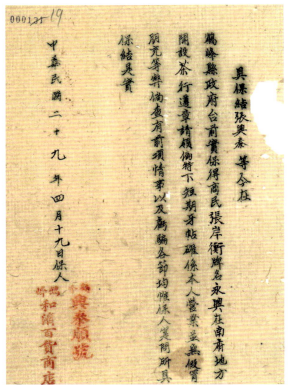

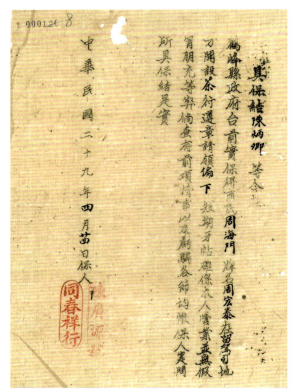

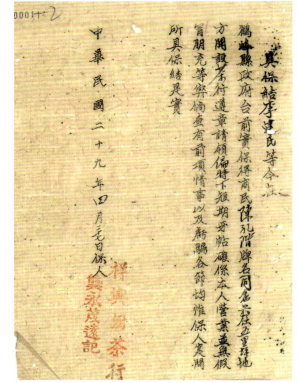

牙帖资料

编 后 记

　　鹤峰县文化遗产局经过近6年的走访调查,终于将调查成果整理汇编成《万里茶道鹤峰段遗址遗存》一书。本书多易其稿,在组稿与编辑过程中,得到了社会各界的大力支持,特别是湖北省文物考古研究院、恩施土家族苗族自治州图书馆、三峡大学、鹤峰县档案馆、鹤峰县茶产业发展促进中心、鹤峰县林业局等单位。部分历史文献资料来自五峰、宜都、石门等县市申遗办提供的档案或相关文献。

　　本书由田学江统稿主编,王斌、唐锋担任副主编,喻欣、晏佳、罗建峰担任编辑。其中"古道""古渡口""古驿站""人物"诸章节由向宏理主笔;"古茶园""古井""古建筑"诸章节由喻欣主笔;"古遗址""古桥""图片辑录"诸章节由罗建峰主笔;"古石刻""古墓葬"诸章节由陈拥军主笔;"古村落""古茶号"诸章节由向端生主笔;"非物质文化遗产""文献补遗""文学作品辑选"诸章节由晏佳组稿。

　　在编写过程中,参与田野调查的人员有柳洪涛、王新燕、刘苏、肖伟、陈拥军、余克臻、梁淑芳、肖锋、谭闯、吴垚等。另外,还聘请了向宏理、张群安、向端生对书稿进行审读修改。在此对有关单位及个人一并表示最诚挚的谢意!

　　由于编者水平有限,书中难免存在错、漏等不足之处,诚盼读者指正,万分感谢!

编　者

2023年1月